公路工程建设现场安全管理标准化指南

Gonglu Gongcheng Jianshe Xianchang Anquan Guanli Biaozhunhua Zhinan

江苏省交通工程建设局　主编

人民交通出版社

内 容 提 要

本指南共包括：总则、管理篇、现场通用篇、专业篇及附录五部分。其中管理篇主要内容包括：管理机构、总监办和项目经理部的相关规定和安全管理的要求、安全生产管理资料；现场通用篇的主要内容包括：临时用房及临时设施、临时用电、特种设备、安全防护、消防、特殊路段施工、标志标牌等；专业篇内容包括：路基工程、路面工程、桥梁工程、隧道工程、拆除工程、房建工程等。

本指南可供建设单位、监理单位、施工单位相关人员使用。

图书在版编目(CIP)数据

公路工程建设现场安全管理标准化指南/江苏省交通工程建设局主编. —北京：人民交通出版社，2012.9

ISBN 978-7-114-10088-8

Ⅰ.①公… Ⅱ.①江… Ⅲ.①道路工程—工程施工—安全管理—指南 Ⅳ.①U415.12-62

中国版本图书馆 CIP 数据核字(2012)第 219794 号

书　　名：公路工程建设现场安全管理标准化指南
著 作 者：江苏省交通工程建设局
责任编辑：韩亚楠　崔　建
出版发行：人民交通出版社
地　　址：(100011)北京市朝阳区安定门外外馆斜街 3 号
网　　址：http://www.ccpress.com.cn
销售电话：(010)59757973
总 经 销：人民交通出版社发行部
经　　销：各地新华书店
印　　刷：北京交通印务有限公司
开　　本：889×1194　1/16
印　　张：13.75
字　　数：360 千
版　　次：2012 年 9 月　第 1 版
印　　次：2022 年 2 月　第 7 次印刷
书　　号：ISBN 978-7-114-10088-8
定　　价：52.00 元

序

安全工作是交通工程建设优质高效推进的保障，是衡量建设管理水平的重要标准。多年来，江苏省公路建设牢固树立安全发展、科学发展的理念，始终贯彻“安全第一、预防为主、综合治理”的方针，安全教育不断深化，安全管理不断加强，保持了公路工程安全生产持续稳定的良好态势。

长期的安全生产工作实践表明，公路建设安全管理具有长期性、复杂性和艰巨性的特点，是一项需要观念、行为、技术和制度有机结合的系统工程。近些年，交通建设领域的安全事故时有发生，国家对安全工作也越来越重视，形成了人人讲安全、时时重安全的良好氛围。同时，工程建设中的特大型桥梁、跨越性施工工程不断增多，工程建设技术难度、复杂程度不断加大，安全管理的压力也越来越大。但参建人员的安全生产意识不强，施工单位安全保障资金投入不足，安全保护措施及安全检查缺乏统一的标准和完整的技术规范，给安全工作增加了难度。

为切实加强工程现场安全管理的科学化、规范化、系统化，按照全国公路施工标准化活动的要求，针对工程建设的实际，结合长期以来对公路工程安全生产规律及特点的认知，我们组织有关专家编写了《公路工程建设现场安全管理标准化指南》。该指南分“管理篇”、“通用篇”和“专业篇”，其中“管理篇”重点是从贯彻落实国家现行的有关法律法规入手，对工程建设现场管理机构、监理单位、施工单位现场管理进行了明确的规定；“通用篇”重点是对整个工程施工过程中特别重要的分部分项工程提出了安全要求；“专业篇”重点是按照工程分类和施工工序，对施工现场特别环节的安全要点统一了专项安全规范。

该指南作为公路建设安全管理操作标准，图文并茂，简洁明了，形象生动，便于掌握，易于操作。该指南旨在为工程建设的安全管理提供指导，亦可供有关大中院校师生学习和参考。

江苏省交通工程建设局局长

2012 年 8 月于南京

前　言

为了认真贯彻落实“安全第一，预防为主，综合治理”的方针，规范公路工程建设安全管理行为，力求安全管理科学化，系统化、规范化，江苏省交通工程建设局编写了《江苏省高速公路建设现场安全管理标准化技术指南》，因该指南引用的法律、法规、规范等也适用于其他公路工程，故作了相关调整，并更名为《公路工程建设现场安全管理标准化指南》。

本指南的管理篇内容，即按照国家现行安全管理方面的法律、法规、规章和有关文件的要求，对现场管理机构、总监办、项目经理部必须履行的责任和义务作出了具体的规定。内容包括：安全生产目标、安全生产责任制、安全技术交底、安全会议、安全教育培训、安全条件审查、安全生产预警、危险性较大工程管理、安全检查与整改、安全生产费用管理、安全生产考核与奖惩、安全事故报告、安全资料及用表等。本指南通用篇和专业篇，根据国家现行的有关规范，对施工现场的人员、设备、方案及其各施工环节的安全生产要点进行了规范化的规定。通用篇内容包括：临时用房及临时设施、临时用电、特种设备、安全防护、消防、特殊路段施工、标志标牌等；专业篇内容包括：路基工程、路面工程、桥梁工程、隧道工程、拆除工程、房建工程等。

本指南可供建设单位、监理单位和施工单位现场管理人员使用，对于本指南未涵盖的内容，应依据有关法律、法规和相关标准、规程执行。本指南在编写过程中得到了各级领导和专家的指导，在此一并表示感谢。由于编制时间仓促，本指南中疏漏之处在所难免，各有关单位和从业人员在使用本指南时，如发现问题或欲提出改进意见，请函告江苏省交通工程建设局。地址：南京市石鼓路69号；邮编：210004。

编制单位：江苏省交通工程建设局

江苏省交通工程集团有限公司

编审人员：何　平、赵　偲、黄　健、缪玉玲、张　军

编著人员：费国新、陈桂奇、张晓宇、杨国俊、凌　西、王寿伟、林　江、胡　虢

编　者

2012 年 8 月

目 录

1 总则 …… 1
1.1 目的 …… 1
1.2 编制依据 …… 1
1.3 适用范围 …… 1
2 管理篇 …… 2
2.1 建设单位现场管理机构 …… 2
2.1.1 一般规定 …… 2
2.1.2 安全管理要求 …… 2
2.2 总监办 …… 10
2.2.1 一般规定 …… 10
2.2.2 安全管理要求 …… 11
2.3 项目经理部 …… 17
2.3.1 一般规定 …… 17
2.3.2 安全管理要求 …… 18
2.4 安全生产管理资料 …… 29
2.4.1 一般规定 …… 29
2.4.2 现场管理机构安全管理资料 …… 30
2.4.3 总监办安全管理资料 …… 32
2.4.4 项目经理部安全管理资料 …… 33
3 现场通用篇 …… 37
3.1 临时用房及临时设施 …… 37
3.1.1 一般规定 …… 37
3.1.2 项目经理部驻地 …… 37
3.1.3 试验室 …… 38
3.1.4 施工现场临时用房 …… 39
3.1.5 拌和场 …… 39
3.1.6 预制场 …… 40
3.1.7 钢筋加工场 …… 41

3.1.8 施工便道、便桥 …… 42
3.1.9 栈桥、临时码头 …… 43
3.2 临时用电 …… 43
3.2.1 一般规定 …… 43
3.2.2 配电设施 …… 44
3.2.3 外电线路及电气设备防护 …… 45
3.2.4 配电线路 …… 46
3.2.5 配电箱及开关箱 …… 47
3.2.6 接地与防雷 …… 48
3.2.7 照明 …… 49
3.2.8 电动机械和手持式电动工具 …… 49
3.3 特种设备 …… 50
3.3.1 一般规定 …… 50
3.3.2 起重机械 …… 50
3.3.3 压力容器 …… 53
3.3.4 施工电梯 …… 53
3.4 安全防护 …… 54
3.4.1 一般规定 …… 54
3.4.2 个人劳动防护 …… 54
3.4.3 人员通道 …… 57
3.4.4 临边、洞口防护 …… 58
3.4.5 高处作业 …… 60
3.4.6 水上水下作业 …… 60
3.5 模板、支架、脚手架 …… 61
3.5.1 一般规定 …… 61
3.5.2 模板安全要点 …… 61
3.5.3 支架安全要点 …… 62
3.5.4 脚手架安全要点 …… 62
3.6 消防 …… 63
3.6.1 一般规定 …… 63
3.6.2 消防安全要点 …… 63
3.6.3 施工现场消防安全标志 …… 65
3.7 冬期、雨期及热期施工 …… 65
3.7.1 一般规定 …… 65

3.7.2 冬期施工安全要点 …… 66
3.7.3 雨期施工安全要点 …… 66
3.7.4 热期施工安全要点 …… 67
3.8 特殊路段施工 …… 67
3.8.1 一般规定 …… 67
3.8.2 边通车边施工安全要点 …… 68
3.8.3 跨线施工安全要点 …… 68
3.9 标志标牌 …… 69
3.9.1 一般规定 …… 69
3.9.2 制作材料 …… 69
3.9.3 基本形状与尺寸 …… 69
3.9.4 颜色与字体 …… 69
3.9.5 构造与安装 …… 69
3.9.6 设置要求 …… 70
3.9.7 现场布设 …… 70
4 专业篇 …… 72
4.1 路基工程 …… 72
4.1.1 一般规定 …… 72
4.1.2 软基处埋 …… 72
4.1.3 填方路基 …… 73
4.1.4 挖方路基 …… 74
4.1.5 路基防护(排水)工程 …… 74
4.1.6 取、弃土场 …… 74
4.2 路面工程 …… 75
4.2.1 一般规定 …… 75
4.2.2 基层 …… 75
4.2.3 沥青混凝土面层 …… 76
4.2.4 水泥混凝土面层 …… 78
4.3 桥梁工程 …… 79
4.3.1 一般规定 …… 79
4.3.2 桩基础 …… 79
4.3.3 扩大基础、承台 …… 82
4.3.4 围堰 …… 83
4.3.5 墩柱、盖梁 …… 84

4.3.6 高墩 …… 85
4.3.7 梁板预制、安装 …… 86
4.3.8 湿接缝、体系转换 …… 88
4.3.9 支架现浇梁 …… 89
4.3.10 悬臂浇筑预应力混凝土连续箱梁(连续刚构) …… 89
4.3.11 混凝土桥面调平层 …… 90
4.3.12 护栏施工 …… 91
4.4 隧道工程 …… 91
4.4.1 一般规定 …… 91
4.4.2 洞口 …… 92
4.4.3 洞身 …… 92
4.4.4 装(卸)渣与运输 …… 93
4.4.5 支护 …… 93
4.4.6 衬砌 …… 94
4.4.7 斜井、竖井 …… 94
4.4.8 通风 …… 94
4.4.9 照明 …… 95
4.4.10 交通安全 …… 95
4.4.11 排水 …… 96
4.4.12 应急 …… 96
4.5 拆除工程 …… 96
4.5.1 一般规定 …… 96
4.5.2 人工拆除 …… 96
4.5.3 机械拆除 …… 97
4.5.4 爆破拆除 …… 97
4.6 房建工程 …… 98
4.6.1 一般规定 …… 98
4.6.2 项目经理部驻地 …… 98
4.6.3 人员管理 …… 98
4.6.4 机械设备 …… 99
4.6.5 安全专项方案 …… 99
4.6.6 基坑及模板工程 …… 99
4.6.7 脚手架 …… 100
4.6.8 钢结构大棚安装 …… 101

4.7　其他 …… 101
4.7.1　一般规定 …… 101
4.7.2　绿化、交通、机电工程 …… 102
附录 A　现场管理机构安全管理用表 …… 103
附录 B　总监办安全管理用表 …… 123
附录 C　项目经理部安全管理用表 …… 143
附录 D　标志标牌制作、安装和设置要求 …… 185
附录 E　引用相关法律法规、规范、文件目录 …… 206

1　总则

1.1　目的

为贯彻落实“安全第一,预防为主,综合治理”的方针,加强公路工程建设现场安全管理,促进公路工程建设安全管理科学化、系统化、规范化,防范生产安全事故的发生,特制定本指南。

1.2　编制依据

(1)安全生产法律。
(2)安全生产行政性法规。
(3)安全生产部门规章。
(4)安全生产地方性法规。
(5)相关标准、规范。
(6)行业主管部门及建设单位安全管理相关规定。

1.3　适用范围

本指南适用于高速公路工程、等级公路等新建交通工程建设项目的安全管理,大中修工程也可以参照使用。时间自工程项目开工之日起至交工验收日止。

2 管理篇

2.1 建设单位现场管理机构

2.1.1 一般规定

(1)按照工程建设模式,建设单位在现场设立的项目管理办公室、现场指挥部等统称为现场管理机构。

(2)现场管理机构须遵守有关安全生产法律法规的规定,切实履行建设方现场安全管理职责,保证建设工程施工安全。

(3)遵照"管生产必须管安全"的原则,现场管理机构的安全管理要坚持全员参与、全面覆盖、全过程管理。

(4)按照职责分工,现场管理机构负责工程建设的现场安全管理,并承担相应的安全管理责任。

(5)现场管理机构应在总监办和项目经理部进场前制订安全管理制度。安全管理制度等文件应下发各部门、参建单位,并报备上级主管部门。

(6)现场管理机构须及时转发上级有关部门下发的与安全生产有关的文件(附录 A 中附表 A-1),并贯彻落实。

(7)现场管理机构应向社会公布安全生产举报电话,受理有关安全生产方面的举报。接到举报后,应立即组织核查并及时回复。

(8)现场管理机构应识别适用的安全生产法律、行政性法规、部门规章、地方性法规、相关标准规范、行业主管部门及建设单位安全管理相关规定等,并收集存档(附录 A 中附表 A-2)。

(9)本规定基于对现场管理机构的基本要求,不免除按照法律法规规定应当承担的其他责任。

2.1.2 安全管理要求

2.1.2.1 安全管理目标

(1)现场管理机构须制订安全管理目标。

安全管理总体目标:减少一般生产安全事故,遏制较大生产安全事故,杜绝重大、特大生产安全事故,杜绝安全责任事故,无火灾、爆炸、中毒、管线破坏等社会影响较大的事故发生。

现场管理机构应根据招标文件规定、工程项目特点、上级主管部门和本指南所规定的相关要求制订具体的安全管理目标。

(2)安全管理目标应由现场管理机构负责人组织制订,并将目标分解到各部门(岗位)及相关人员。

(3)现场管理机构应根据安全管理目标制订总体、年度、季度安全工作计划。

(4)现场管理机构应根据制订的安全工作计划定期组织考核,并接受上级有关部门组织的考核。

(5)现场管理机构应在项目经理部和总监办进场前制订安全管理目标。

(6)现场管理机构负责人应分阶段与各总监办、项目经理部负责人签订安全生产责任书。

(7)现场管理机构应按规定上报季度、年度安全管理总结至建设单位安全部门。

2.1.2.2　安全管理责任制

(1)现场管理机构须制订安全管理责任制度。

制度内容应包括:建立安全生产监管体系、明确各部门(岗位)的安全责任和义务、落实安全监管责任等工作要求。

(2)现场管理机构应建立安全管理组织机构,成立安全管理领导小组,并行文下发各参建单位,其负责人为组长,各部门负责人为成员,设置专门的安全管理部门或明确专人负责工程全线的安全生产综合协调管理。

(3)现场管理机构应明确安全管理领导小组、负责人及各部门安全管理职责。

(4)现场管理机构安全管理领导小组成员发生变更后应在 3 天内履行变更手续,变更资料应整理归档。

(5)现场管理机构安全管理网络图及各部门安全管理职责应上墙公示。

2.1.2.3　安全会议

(1)现场管理机构须制订安全会议制度。

制度内容须包括:各类会议的频次、参会人员、会议主要内容、会议签到、会议记录、会议纪要等。

(2)安全会议分为安全例会和安全专题会议。

安全例会每月不少于 1 次,可与工程建设其他会议合并召开,由现场管理机构负责人组织,各总监办、项目经理部负责人等相关人员共同参加。会议内容应包括:学习有关安全生产的法律法规,传达上级文件及会议精神,通报安全生产检查及整改情况,总结当月安全生产工作,布置下月安全生产工作任务,研究解决当前相关安全生产问题等。

安全生产专题会议可根据工作需要适时召开,由现场管理机构、各总监办、项目经理部负责人或相关人员参加。

(3)安全会议参会人员应履行签到手续(附录 A 中附表 A-3),并做好会议记录(附录 A 中附表 A-4)。

(4)安全会议所决定的重大事项须形成会议纪要,并下发各部门及相关单位。

2.1.2.4　安全教育培训

(1)现场管理机构须制定安全教育培训制度。

制度内容须包括：教育培训计划、形式、时间、频次、参加人员、主要内容、学时及教育培训记录等。

(2)现场管理机构内部每年至少组织1次集中教育培训。安全教育培训的主要内容应包括：学习安全生产法律、法规、规章和国家标准、行业标准；学习有关安全生产方面的文件；新工艺、新技术、新设备、新材料运用相关安全知识学习；生产安全事故应急救援知识学习等。

(3)现场管理机构负责人及所有管理人员须参加专业安全知识培训，每年不少于1次。

(4)现场管理机构应组织对施工、监理单位相关人员进行安全知识培训，每年不少于1次。

(5)安全教育培训学时要求：现场管理机构负责人、安全管理人员每年不少于16学时，其他管理人员每年不少于8学时。

(6)现场管理机构应对管理人员进行登记(附录A中附表A-5)，并做好安全教育培训记录(附录A中附表A-6、附表A-7)。

2.1.2.5　施工安全风险评估

(1)符合《公路桥梁和隧道工程施工安全风险评估指南(试行)》规定的项目，现场管理机构须制订施工安全风险评估制度。

制度内容须包括：施工安全风险评估项目范围、方法、步骤、组织、报告、过程实施等工作要求。

(2)施工安全风险评估项目范围、方法、步骤、报告、动态监管及其他工作要求应按照《公路桥梁和隧道工程施工安全风险评估指南(试行)》执行。

(3)施工安全风险评估工作原则上由施工单位负责实施。当评估项目含有多个标段时，总体风险评估应由现场管理机构牵头组织，专项风险评估仍由施工单位负责。

(4)在工程开工前，现场管理机构应督促各项目经理部上报施工安全风险评估计划，并督促各单位按计划实施，对各单位施工安全风险评估工作完成情况进行汇总，制订施工安全风险评估完成情况记录表(附录A中附表A-8)。

(5)总体风险评估应在工程开工前完成，专项风险评估应在评估单元施工前完成。

2.1.2.6　安全生产条件审查

(1)现场管理机构须制订安全生产条件审查制度。

制度内容应包括：安全生产条件审查时间、责任单位、主要内容、整改复查及汇总记录等。

(2)现场管理机构应在工程项目开工前对总监办进行安全生产条件审查(附录A中附表A-9)。

审查的主要内容应包括：安全监理规章制度建立情况、安全监理组织机构建立情况、安全监理人员到位和持证情况、安全监理计划编制审批情况等。

(3)现场管理机构应在工程项目开工前对各项目经理部的安全生产条件进行抽查(附录A中附表A-10)。

(4)现场管理机构安全管理部门应会同工程管理部门对总监办和项目经理部的安全

生产情况进行审查或抽查，报现场管理机构负责人签认。

(5)对安全生产条件审查不符合要求的，应责令限期整改。

2.1.2.7　安全生产预警提示

(1)现场管理机构须制订安全生产预警提示制度。

制度内容主要包括：预警提示项目范围、时间、内容、方式以及预警记录等。

(2)现场管理机构应组织有关单位在工程开工前向项目经理部提供施工现场及毗邻区域内水、电、气、通信等地下管线资料（附录 A 中附表 A-11），气象和水文资料，以及相邻建（构）筑物、地下工程有关资料，以书面形式向项目经理部交底，交底双方应签字确认，总监办应派人员全程参与（附录 A 中附表 A-12）。

(3)项目经理部在接受交底后，应进行复核，总监办应派员参与。当复核情况与提供情况不符或在施工过程中发现新情况时，应及时向现场管理机构报告，现场管理机构应及时向有关部门查询并再次交底确认。

(4)遇有台风、高温、洪水等恶劣自然条件或重大节假日、重大活动等特殊情况时，现场管理机构应及时向有关单位发出预警提示。

2.1.2.8　危险性较大的工程管理

(1)现场管理机构须制订危险性较大的工程管理制度。

制度内容应包括：危险性较大的工程识别、汇总、方案编制、专家论证、审批以及监督检查等。

(2)公路工程危险性较大的工程范围见表 2-1。

危险性较大的工程一览表　　表 2-1

<table>
<tr><th>序号</th><th>类别</th><th colspan="2">危险性较大的工程及工作内容</th><th>专家论证</th><th>第三方复核</th></tr>
<tr><td>1</td><td rowspan="7">路基</td><td colspan="2">构筑物基坑开挖深度 3.0m 及以上或虽未达到 3.0m 但地质条件和周边环境复杂</td><td></td><td></td></tr>
<tr><td>2</td><td colspan="2">粉喷桩、湿喷桩、打入(静压)桩、强夯等软基处理工程</td><td></td><td></td></tr>
<tr><td>3</td><td colspan="2">滑坡地质病害处治工程</td><td></td><td></td></tr>
<tr><td>4</td><td colspan="2">不良地质条件下有潜在危险性的土方、石方开挖工程</td><td></td><td></td></tr>
<tr><td>5</td><td colspan="2">石质边坡高度 30.0m 及以上、土质边坡高度 15.0m 及以上的边坡防护工程</td><td></td><td></td></tr>
<tr><td>6</td><td colspan="2">大型或复杂的边坡防护工程(锚固防护、抗滑桩等)</td><td>✓</td><td></td></tr>
<tr><td>7</td><td colspan="2">爆破工程</td><td>✓</td><td></td></tr>
<tr><td>8</td><td rowspan="2">路面</td><td colspan="2">沥青拌和楼安装、拆除</td><td></td><td></td></tr>
<tr><td>9</td><td colspan="2">交通组织</td><td></td><td></td></tr>
<tr><td>10</td><td rowspan="2">桥梁</td><td rowspan="2">基坑(槽)的土方开挖、支护、降水工程</td><td>开挖深度在 3.0m 及以上，或虽未达到 3.0m但地质条件和周边环境复杂</td><td></td><td></td></tr>
<tr><td>11</td><td>开挖深度在 5.0m 及以上，或开挖深度虽未达到 5.0m 但地质条件、周围环境和地下管线复杂，或影响毗邻建筑(构筑)物安全</td><td>✓</td><td>✓</td></tr>
</table>

续上表

序号	类别	危险性较大的工程及工作内容		专家论证	第三方复核
12	桥梁	深水基础及围堰工程	水深小于5.0m		
13			水深在5.0m及以上	✓	✓
14		桩基础、挡墙基础			
15		人工挖孔桩工程	开挖深度小于16.0m		
16			开挖深度在16.0m及以上	✓	
17		工具式模板工程(爬模、翻模、大型模板等)、移动模架工程		✓	
18		支架现浇混凝土工程	支撑高度在8.0m以下,或跨度在18m以下,或施工总荷载在15.0kPa以下,或集中线荷载在20.0kPa以下		
19			支撑高度在8.0m及以上,或跨度在18.0m及以上或施工总荷载在15kPa及以上,或集中线荷载在20kPa及以上	✓	✓
20		用于钢结构安装等满堂承重支撑体系	承受单点集中荷载在700kg以下		
21			承受单点集中荷载在700kg及以上	✓	✓
22		柱、墩、塔工程	高度在20.0m以下的		
23			高度在20.0m及以上的	✓	
24		梁(板)预制、安装工程	梁(板)预制及质量在150t以下或梁长50.0m以下的梁板安装		
25			质量在150t及以上或梁长在50.0m及以上的梁板安装	✓	
26		拱肋预制(加工)、吊装工程		✓	
27		悬浇、悬拼、转体、顶推施工工程		✓	
28		斜拉桥和悬索桥缆索施工工程		✓	
29		预应力工程			
30		跨线施工工程	跨一级以下公路、Ⅳ级以下航道施工		
31			跨铁路、一级及以上公路、Ⅳ级及以上航道施工	✓	
32		起重机械设备自身的安装、拆卸工程			
33		水上工程中的打桩船作业、施工船作业等			
34		水下工程中的水下焊接、混凝土浇筑、爆破工程等			
35	隧道	隧道出渣、运输工程			
36		隧道初期支护、二次衬砌工程			
37		隧道洞口、明洞施工工程			
38		隧道围岩突变区段掘进工程			

续上表

序号	类别	危险性较大的工程及工作内容	专家论证	第三方复核
39	隧道	竖井、斜井、辅助坑道工程		
40		隧道预应力锚杆工程，盾构隧道深基坑施工，盾构设备安装、拆卸，盾构进出洞施工，特殊地质、环境区域盾构隧道掘进施工，盾构隧道掘进施工常见问题处理等工程	√	
41		溶洞、暗河、瓦斯、岩爆、涌水突泥、断层等不良地质隧道，浅埋段、偏压严重段隧道掘进工程	√	
42		沉管隧道施工中沉管浮运、就位、对接等水上、水下作业工程	√	
43		长隧道和Ⅳ级及以下围岩的短隧道初期支护工程	√	
44	拆除	一般结构物拆除工程		
45		拆除拱、梁等较易坠落、坍塌的工程，可能影响行人、交通、电力设施、通信设施或其他建筑物、构筑物安全的拆除工程，采用爆破拆除的工程	√	
46	其他	边通车边施工工程	√	
47		20.0m 及以上高空作业的工程	√	
48		便(栈)桥、码头的架设与拆除		√
49		采用新技术、新工艺、新材料、新设备的危险性较大工程	视具体情况定	
50		其他危险性较大工程	视具体情况定	

注：1. 列入本表的工程项目必须编制安全专项方案。

2. 第三方复核单位须具备相应资质。

(3)现场管理机构应督促总监办和项目经理部开展危险性较大的工程安全专项施工方案编制、专家论证和报批工作。涉及需要第三方复核的项目，其单位(个人)应提供合法的计算书。

(4)现场管理机构须派员参加项目经理部组织的专家论证会，必要时建设单位应派人员参加。

(5)现场管理机构应对各项目经理部安全专项施工方案落实情况进行抽查，并做好检查记录。

(6)现场管理机构应对须专家论证的危险性较大的工程进行汇总(附录 A 中附表 A-13)，并报备建设单位安全部门。

2.1.2.9　安全检查与整改

(1)现场管理机构须制订安全检查与整改制度。

制度内容须包括：安全检查形式、人员组织、检查内容、检查标准以及检查记录、通报、整改、复查等。

(2)检查形式应包括定期检查及不定期检查。

定期检查：每季度不少于 1 次，由现场管理机构负责人组织工程、安全等相关人员对全线工程现场进行检查，检查前应书面通知。

不定期检查:遇到恶劣自然条件、国庆、春节等重大节假日、重大活动等,由现场管理机构负责人组织相关人员对工程现场进行检查。

(3)检查范围应包括总监办、项目经理部及中心试验室的内业资料及施工现场。

(4)检查标准:安全检查考核表(附录A中附表A-14、附表A-15)。

(5)定期检查时,应对项目经理部上报的危险源和事故隐患加强检查,对发现的问题应保留图片或影像资料,要求相关单位及时整改,并于5天内下发通报。通报内容应包括:检查依据、检查内容、存在问题及整改要求等。不定期检查须下发检查通报或开具现场问题通知单(附录A中附表A-16)。

(6)现场管理机构相关人员应加强日常安全检查,并留有记录。发现问题,及时开具现场问题通知单,并督促整改。

(7)现场管理机构收到项目经理部现场问题整改回复后2天内应派专人进行复查,并做好复查记录。

(8)检查过程中如发现重大安全隐患必须停工整顿的,应责令总监现场开具停工指令,项目经理部整改后向总监办提出复工申请,总监办复查合格后报现场管理机构同意方可复工。

(9)现场管理机构应积极配合上级有关部门组织的安全检查,并按要求及时整改。

2.1.2.10 安全生产费用管理

(1)现场管理机构须根据《企业安全生产费用提取和使用管理办法》,并结合工程项目实际情况,制订安全生产费用管理实施细则。

实施细则内容应包括:使用范围、审批支付程序以及监督管理等。

(2)公路工程安全生产费用计提比例按照国家和行业有关部门规定或按合同约定执行。

(3)安全生产费用使用范围如下:

①完善、改造和维护安全防护设施设备支出(不含"三同时"要求初期投入的安全设施),包括施工现场临时用电系统、洞口、临边、机械设备、高处作业防护、交叉作业防护、防火、防爆、防尘、防毒、防雷、防台风、防地质灾害、地下工程有害气体监测、通风、临时安全防护等设施设备支出。

②配备、维护、保养应急救援器材、设备支出和应急演练支出。

③开展重大危险源和事故隐患评估、监控和整改支出。

④安全生产检查、评价(不包括新建、改建、扩建项目安全评价)、咨询和标准化建设支出。

⑤配备和更新现场作业人员安全防护用品支出。

⑥安全生产宣传、教育、培训支出。

⑦安全生产适用的新技术、新标准、新工艺、新装备的推广应用支出。

⑧安全设施及特种设备检测检验支出。

⑨其他与安全生产直接相关的支出。

(4)现场管理机构有关人员应对总监办审核后的安全生产费用的使用情况进行抽查

签认,并形成抽查资料作为计量依据。

(5)现场管理机构负责人应在完成抽查手续后与当月工程款一并签认计量。安全生产费用实际投入少于合同规定的安全生产费用总额时,现场管理机构不得签认余额部分。

(6)现场管理机构应对安全生产费用支付情况进行汇总,并建立安全费用支付台账(附录A中附表A-17)。

(7)现场管理机构应定期监督检查施工单位安全生产费用使用情况,每季度不少于1次,并及时通报检查结果。

2.1.2.11 安全生产考核和奖惩

(1)现场管理机构须制订安全生产考核和奖惩制度。

制度内容应包括:考核组织、频次、对象、标准、通报及具体奖惩办法等。

(2)现场管理机构安全管理领导小组负责考核工作。

(3)每季度考核1次,考核对象为工程全线各施工、监理单位。

(4)考核标准:安全检查考核表(附录A中附表A-14、附表A-15)。

(5)考核方式:现场评分,依据分值判定优、良、中、差四个等级。

(6)评分办法:考核总分为100分。其中,总监办季度检查得分=总监检查得分×0.3+项目经理部检查平均得分×0.7。

总监办最终得分=总监办季度检查得分×0.85+平时各级检查得分(总分15分)×0.15。平时检查分包括现场管理机构和上级有关部门检查通报情况和总监办平时检查情况。现场管理机构应制订平时考核的具体细则。

考核综合评定结果:≥90分为优,≥80分为良,≥70分为中,<70分为差。

若发生等级安全责任事故,总监办和项目经理部的考核等级不得高于“中”。

(7)考核后5天内应下发考核通报。通报内容应包括:考核依据、考核结果及奖惩决定等。

(8)现场管理机构应在优质优价、优监优酬考核基金中设立安全考核基金(不得低于优质优价、优监优酬总额的25%),实行单独考核发放。

(9)优质优价、优监优酬考核和履约考核等级不得高于安全考核等级。

2.1.2.12 事故报告、调查和处理

(1)现场管理机构须制订事故报告制度。

制度内容应包括:事故报告程序、时间、内容、应急处置组织、应急响应等。

(2)现场管理机构安全管理领导小组负责生产安全事故应急处置工作。

(3)现场管理机构应及时、如实报告生产安全事故。

发生重、特大和较大生产安全事故,现场管理机构在接报后30min内快报、24h内第一次续报至建设单位安全部门;发生一般生产安全事故后,现场管理机构在接报后2h内快报、48h内第一次续报至建设单位安全部门。

(4)事故快报应采用统一表式(附录A中附表A-18)。

报告内容应包括:事故单位概况,事故发生的时间、地点以及事故现场情况,事故的简要经过,事故已经造成或者可能造成的伤亡人数(包括下落不明的人数)和初步估计的直接经济损失,已经采取的措施,以及其他应当报告的情况。

(5)事故分为一般、较大、重大和特别重大四个等级,具体参照《生产安全事故报告和调查处理条例》划分。

(6)发生等级生产安全事故,应立即启动应急响应程序,建设单位、现场管理机构负责人及相关人员应立即赶赴事故现场组织事故应急处置,协助调查组进行事故调查。

(7)事故调查结束后,现场管理机构应按照事故原因未查清楚不放过、事故责任人未受到处理不放过、事故责任人和周围群众没有受到教育不放过、针对事故制订的切实可行的措施未落实不放过的"四不放过"原则对相关单位(人员)进行诫勉谈话,对事故发生单位落实防范和整改措施的情况进行监督检查。

2.1.2.13　应急救援

(1)现场管理机构须编制生产安全事故综合应急救援预案。

(2)预案基本要素应包括:

①总则:包括编制目的、编制依据、适用范围、应急预案体系、应急工作原则。

②工程项目危险性分析:包括工程项目概况、危险源与风险分析。

③组织机构及职责:包括应急组织体系、指挥机构及职责。

④预防与预警:包括危险源监控、预警行动、信息报告与处置。

⑤应急响应:包括响应分级、响应程序、应急结束。

⑥信息发布。

⑦后期处置。

⑧保障措施:包括通信与信息保障、应急队伍保障、应急物资装备保障、经费保障、其他保障。

⑨培训与演练:培训、演练。

⑩奖惩。

⑪附则。

(3)现场管理机构应按照预案要求结合工程实际组织演练,每年不少于1次。

(4)应急救援演练程序应包括演练准备、演练实施、演练总结三个阶段,并将演练资料整理归档。

(5)应急救援预案编制具体要求应参照《生产经营单位安全生产事故应急预案编制导则》、《公路水运工程生产安全事故应急预案》执行。

2.2　总监办

2.2.1　一般规定

(1)监理单位在现场设立的总监理工程师办公室简称总监办。

(2)总监办负责工程建设的现场安全监理,并承担相应的安全监理责任。总监理工程师对工程建设现场安全监理负总责。

(3)总监办应当遵守“安全第一、预防为主、综合治理”的方针,按照有关安全生产法律法规和工程建设强制性标准及上级有关要求实施安全监理,切实履行监理单位安全职责。

(4)总监办制订的安全监理制度应行文下发各项目经理部,并报备现场管理机构和母体公司(附录 B 中附表 B-1)。

(5)监理标段施工合同总额 5 亿元及以上或独立特大桥工程须配备 1 名安全副总监负责安全监理工作。

(6)总监办应对依法分包的工程加强检查,并督促项目经理部按照分包合同要求对分包单位的安全生产工作进行统一管理。

(7)总监办应识别适用的安全生产法律、行政性法规、部门规章、地方性法规、相关标准规范、行业主管部门及建设单位安全管理相关规定等,并收集存档(附录 B 中附表B-2)。

(8)本规定基于对总监办的基本要求,不免除按照法律法规规定应当承担的其他责任。

2.2.2 安全管理要求

2.2.2.1 安全监理目标

(1)总监办应制订安全监理目标。

安全监理总体目标:参照现场管理机构制订。

总监办应根据工程项目特点、上级管理部门和现场管理机构的相关要求制订具体的安全监理工作目标。

(2)安全监理目标应由总监理工程师组织制订。

(3)总监办应将安全监理工作目标分解到各部门(专业监理工程师)。

(4)督促项目经理部落实现场管理机构与其签订的安全生产目标责任书的有关监理措施。

(5)总监办应在施工单位进场前制定安全监理目标。

2.2.2.2 安全监理责任制

(1)总监办须制订安全监理责任制度。

制度内容应包括:建立安全监理组织机构,明确各部门(专业监理工程师)的安全监理责任和义务,落实安全监理责任等。

(2)总监办应建立安全监理组织机构,成立安全监理领导小组,总监为组长,副总监为副组长,各部门负责人(专业监理工程师)为成员,并配备专职安全监理工程师负责所监理标段的安全监理。

(3)应根据安全监理组织分工,明确安全监理领导小组、总监、副总监及各部门(专业监理工程师)安全监理职责。

(4)总监办各部门(专业监理工程师)安全监理职责应悬挂上墙。

(5)总监办成立的安全监理领导小组应下发各项目经理部,并报备现场管理机构。监理人员如发生变更,应履行变更手续,总监、副总监变更应报建设单位审批,其他成员变更报现场管理机构审批,并及时转发有关文件。

2.2.2.3　安全会议

(1)总监办须制订安全会议制度。

制度内容应包括:各类会议的频次、参会人员、会议主要内容、会议签到、会议记录、会议纪要等。

(2)安全会议分为安全例会和安全专题会议。

安全例会每月不少于1次,由总监组织,相关监理人员和各项目经理、安全副经理、安全管理部门负责人共同参加,可邀请现场管理机构有关人员参加。会议内容应包括:学习有关安全生产的法律法规;贯彻落实上级文件及会议精神;通报安全生产检查及整改情况,总结当月安全生产工作,布置下月安全生产工作任务;研究解决当前相关安全生产问题等。

安全专题会议可根据工程情况适时召开,由总监或安全副总监组织,项目经理和相关人员参加,并邀请现场管理机构有关人员参加。

(3)安全会议与会人员应履行签到手续(附录B中附表B-3),并做好会议记录(附录B中附表B-4)。

(4)安全会议所决定的重大事项须形成会议纪要下发到各部门(专业监理工程师)及项目经理部,并报备现场管理机构。

2.2.2.4　安全教育培训

(1)总监办须制订安全教育培训制度。

内容应包括:教育培训计划、形式、时间、频次、参加人员、主要内容、学时及教育培训记录等。

(2)总监、副总监和安全监理工程师应参加交通运输主管部门组织的安全环保监理培训并持证上岗。

(3)总监办相关人员应参加由现场管理机构等部门组织的各类安全教育培训。

(4)总监办应对进场人员进行登记,并进行岗前安全教育培训(附录B中附表B-5)。

(5)总监办须制订安全监理教育培训计划,每年至少组织2次集中教育培训,总监办全体人员参加。总监办负责人、安全监理工程师每年不少于24学时,其他监理人员每年不少于12学时。

(6)教育培训主要内容包括:学习安全生产法律、法规、规章和相关国家标准、行业标准;学习安全监理业务知识;新工艺、新技术、新设备、新材料运用相关安全知识学习;生产安全事故应急救援知识学习等。

(7)总监办每年应至少组织1次针对全体监理人员的安全监理知识考试,相关资料应留存归档。

(8)总监办应做好日常安全教育培训记录(附录B中附表B-6、附表B-7)。

2.2.2.5　安全监理计划

(1)总监办须编制安全监理计划。

(2)安全监理计划内容应包括:安全监理工作依据;安全监理工作目标;安全监理工

作内容;安全监理组织机构、岗位人员及职责;安全监理工作制度;安全监理程序和方法;认定的危险性较大分部分项工程;认定的须审查验收的大中型施工机械和安全设施;须编制的安全监理实施细则;选定的新材料、新技术、新工艺及特殊结构防止安全事故的监督控制措施等。

(3)安全监理计划应在第一次工地例会前编写完成,并报监理单位技术负责人审批后报备现场管理机构。

(4)对列入危险性较大的工程,总监办须编制安全监理实施细则。

(5)安全监理实施细则应依据安全监理计划和各项目施工组织设计编制。主要内容应包括:危险性较大的工程安全监理工作的特点和施工现场环境状况;危险源状况分析及控制;安全监理人员安排与分工;安全监理工作的方法、程序及控制措施;安全监理工作的检查、控制要点;相关过程检查记录和资料目录等。

(6)安全监理实施细则应在危险性较大的工程开工前完成,由相关专业监理工程师编写,总监审批后实施。

2.2.2.6　安全管理人员和特种作业人员审查

(1)总监办应制订安全管理人员和特种作业人员审查制度。

制度内容应包括:对项目经理部安全管理人员和特种作业人员的审查程序、整改要求及相关规定等。

安全管理人员包括:项目经理、副经理、总工程师、施工现场专职安全员。

特种作业人员是指特种作业人员和特种设备作业人员(以下简称特种作业人员),其分类详见2.3.2.11的规定。

(2)总监办应根据审查程序,对照投标文件审查项目经理部上报的安全管理人员。安全管理人员如有变更,总监办应对新变更人员安全资格进行审查并批复。

(3)安全监理工程师应对项目经理部上报的从事特种作业的人员进行资格审查,审查人员应对审查结果负责。

(4)总监办审查合格后统一发放特种作业人员上岗证,统一编号并加盖总监办章。现场监理员应对挂牌上岗情况进行检查。

(5)安全监理工程师或现场监理员在检查中发现施工现场特种作业人员资格不符合要求时,应立即下发监理指令责令其退场。

(6)总监办对安全管理人员和特种作业人员资格审查时,应要求项目经理部提供对应证书原件,总监办留存复印件。

(7)总监办应对安全管理人员和特种作业人员实行动态管理,严格按照以上程序履行审查职责,审查合格后履行相关签认手续。

2.2.2.7　特种设备及关键设备审查

(1)总监办应制订特种及关键设备审查制度。

制度内容应包括:特种及关键设备范围、审批程序、审查主要内容及相关规定等。

(2)特种及关键设备范围参见项目经理部中设备的分类,详见2.3.2.15的规定。

(3)总监办应及时对项目经理部上报的特种设备进行审查。审查内容:检测合格证、产品质量合格证、设备安全性能等。

(4)总监办应结合专项方案对关键设备的安全使用性能进行审查。

(5)总监办应对特种及关键设备实行动态管理,严格按照以上程序履行审查职责,审查合格后履行相关签认手续。

(6)总监办审查特种及关键设备时,应留存设备检测合格证或验收记录复印件。

(7)对未履行签认手续的特种及关键设备不得投入使用。检查中若发现无证设备,应立即下发指令令其退场。

2.2.2.8 危险性较大的工程管理

(1)总监办应制订危险性较大的工程管理安全监理制度。

制度内容应包括:对项目经理部方案编制的要求、方案审查形式、审查规定、批复时限及过程管理要求等。

(2)危险性较大的工程范围见2.1.2.8的规定。

(3)总监办应要求项目经理部在工程开工前上报危险性较大的工程项目清单,审核确认后报备现场管理机构。

(4)总监办应督促项目经理部按照施工组织安排及时上报危险性较大的工程安全专项方案。

(5)总监办应在5天内对项目经理部上报的危险性较大的工程安全专项方案组织审查,并由总监签认批复。

(6)对于须专家论证的专项方案,总监办应先提出书面审查意见提交专家会,并督促项目经理部按照专家论证会意见完善方案,由总监签认批复。

(7)总监办须督促项目经理部严格按照批复的方案组织实施,并全过程旁站。

(8)对于必须开展安全风险评估的项目,总监办安全专项方案审查应在风险评估报告完成后进行。无风险评估报告,不得签发开工令。

(9)对未列入危险性较大的工程项目,总监办应督促项目经理部在编制施工方案时完善安全技术措施。

2.2.2.9 安全生产费用审核

(1)总监办应制订安全生产费用审核制度。

制度内容应包括:审核依据、审核内容、审核流程、审核频率等。

(2)安全生产费用使用范围应根据现场管理机构制定的实施细则确定,见2.1.2.10的规定。

(3)总监办应督促项目经理部在项目开工前上报安全生产费用使用总体计划,审批后报备现场管理机构。

(4)总监办应对项目经理部当月申请支付的安全生产费用进行审核,审核后报现场管理机构确认。

(5)总监办应对消耗性及非实物性的安全生产费用支出及时核实,并留有图片等资料,作为计量支付的依据。

(6)总监办应对照项目经理部上报的安全生产费用使用计划,对当月安全投入明细表及有关发票、照片等与现场实物逐一核对签认。

2.2.2.10　安全生产条件审查

(1)总监办须制订安全生产条件审查制度。

制度内容应包括:审查时间、责任单位、主要内容、整改复查及汇总记录等。

(2)总监办应在工程项目开工前和分部分项工程开工前对项目经理部进行安全生产条件审查。对各项目经理部开工前安全生产条件审查结果须报备现场管理机构。

(3)工程项目开工前审查的主要内容应包括:安全生产规章制度及操作规程建立情况、安全管理组织机构建立情况、安全管理人员到位和持证情况、施工组织设计中安全技术措施和临时用电方案编制审批情况、危险性较大的工程安全专项方案编制计划报批情况、安全生产费用投入计划报批等(附录B中附表B-8)。

(4)分部分项工程开工前审查的主要内容应包括:安全专项方案审批情况、特种作业人员持证情况、特种设备检测情况、其他机械设备验收情况、施工人员岗前教育情况、安全技术交底情况、施工现场安全措施落实情况、临时用电设置情况、劳动防护用品配置情况等(附录B中附表B-9)。

(5)对安全生产条件审查不符合要求的,应责令限期整改。

(6)安全生产条件审查通过后,总监方可签发开工报告。

2.2.2.11　安全检查与整改

(1)总监办须制订安全检查与整改制度。

制度内容应包括:检查计划、检查形式、参与人员、检查内容及检查记录、通报、整改、复查等。

(2)检查形式包括定期检查、不定期检查、日常巡查。

定期检查:每月不少于1次,由总监组织相关人员对所监理标段进行检查,检查前应书面通知。

不定期检查:遇到恶劣自然条件、重大节假日、重大活动以及开展专项安全生产活动等,由总监办负责人组织相关人员对所监理标段进行检查。

日常巡查:由安全监理工程师每日对施工现场进行巡查。

(3)检查范围应包括内业资料及施工现场。

(4)检查内容:

①安全生产管理机构设置、安全生产责任制、与施工规模相适应、专业齐全的安全管理专职技术人员人数配备情况。

②危险性较大的工程重点部位、重点工序安全保障措施的落实情况。

③安全管理人员和特种作业人员持证上岗情况。

④车辆、机具、设备的证照;特种设备的检验情况。

⑤工程安全生产事故应急预案的编制,用于应急使用的器材设备的配置和演练情况。

⑥安全生产工作台账。

⑦上级文件的落实情况;对现场管理机构等部门整改要求的落实情况。

⑧法律、法规、规章制度所规定的其他安全生产事项。

(5)检查时,检查人须留有原始书面记录,对发现的问题应保留图片或影像资料,并要求相关单位及时整改,定期检查后3天内下发通报。通报内容应包括:检查依据、检查内容、存在问题及整改要求等。

(6)不定期检查须下发检查通报或开具现场问题整改通知单(附录B中附表B-10)。

(7)安全监理工程师应做好日常巡查工作,并留有记录。

(8)总监办收到项目经理部现场问题整改回复后2天内应派专人进行复查并做好复查记录,同时书面回复现场管理机构(附录B中附表B-11)。

(9)总监办应对项目经理部上报的危险源和事故隐患进行重点检查。

(10)总监办在检查过程中如发现重大安全隐患必须停工整改的,应开具停工指令,并报告现场管理机构(附录B中附表B-12)。项目经理部整改后提出复工申请,总监办应及时组织复查,具备复工条件后开具复工指令(附录B中附表B-13)。

(11)总监办在检查中发现不能立即整改的隐患,应要求项目经理部及时上报整改计划和防范措施。整改计划包括:整改时间、责任人、具体整改措施或变更施工方案等。

(12)总监办对上级有关部门安全检查发现的问题,应按规定要求及时整改并反馈。

2.2.2.12　监理安全旁站

(1)总监办须制订安全旁站制度。

制度内容应包括:旁站项目、旁站要求、发现问题的整改程序等。

(2)旁站项目:危险性较大的工程、关键施工环节等。

(3)监理人员对需旁站的项目应进行全过程旁站。旁站过程中发现不符合安全施工要求的,应要求立即整改或开具现场问题通知单限期整改,并履行复查程序。

(4)旁站过程中如发现重大安全隐患必须停工整改的,应立即向总监报告,由总监开具停工指令(附录B中附表B-12),并报告现场管理机构,具备复工条件后开具复工指令(附录B中附表B-13)。

(5)旁站监理应按照相关规定填写旁站记录(附录B中附表B-14)。

2.2.2.13　安全监理交底

(1)总监办须制订安全监理交底制度。

制度内容应包括:时间、参与人员、主要内容以及交底记录等。

(2)工程开工前,总监应针对安全监理计划对全体监理人员进行交底。

(3)在分部分项工程开工前,总监应针对安全监理实施细则对专业监理工程师进行交底;专业监理工程师再对相关监理人员进行交底。

(4)安全监理交底后应形成安全监理交底记录,交底双方应签字确认(附录B中附表B-15)。

(5)必要时,总监办应派员参加项目经理部组织的安全技术交底会。

2.2.2.14　安全监理日志和监理月报

(1)安全监理工程师应填写安全监理日志。

主要内容应包括:天气情况、工作内容、安全防护、机械设备状况等;发现的隐患及处理情况;其他安全监理活动记录等(附录 B 中附表 B-16)。

(2)安全监理日志应每日填写,总监签字确认。

(3)总监办在每月 25 日前向现场管理机构填报安全监理月报(附录 B 中附表 B-17)。

安全监理月报主要内容应包括:人员安全教育培训、特种作业人员持证、特种机械设备检测、安全专项方案审批、安全生产费用投入及使用、现场安全措施落实、安全检查及整改、下月安全监理工作计划等。

2.2.2.15 安全监理考核及奖惩

(1)总监办须制订安全监理考核和奖惩制度,报母体公司批准后实施。

制度内容应包括:考核组织、频次、对象、具体奖惩办法等。

(2)总监办安全监理领导小组负责考核工作。

(3)每季度考核 1 次,考核对象为总监办全体监理人员。

(4)总监办应根据考核结果进行奖惩,并对奖惩情况汇总归档。

2.2.2.16 安全事故及应急救援

(1)总监办应依据现场管理机构总体应急救援预案框架要求,明确下列应急救援主要工作要求。

组织机构及职责:包括应急领导小组和各工作小组及各自工作职责。

应急响应:在现场管理机构启动应急预案后,总监办应快速响应。

保障措施:包括通信与信息保障、应急队伍保障、应急物资装备保障、经费保障、其他保障。

(2)总监办对项目经理部上报的应急救援预案及时审批,并报备现场管理机构。

(3)总监办应督促项目经理部编制应急预案演练计划,组织或参与应急救援预案演练。

(4)总监办内部发生安全事故应按有关规定向上级有关部门快报和续报。

2.3 项目经理部

2.3.1 一般规定

(1)项目经理部应当遵守“安全第一、预防为主、综合治理”的方针,按照有关安全生产法律法规和工程建设强制性标准组织施工,服从现场管理机构、总监办的统一管理,切实履行施工方安全生产主体职责。

(2)项目经理为施工现场安全生产第一责任人。

(3)项目经理部须配备 1 名专职安全副经理,并设立安全管理部门负责安全生产综合管理工作。

(4)项目经理部制订的安全管理制度等文件应下发各部门和施工队(班组),并报备总监办和母体公司(附录 C 中附表 C-1)。

(5)项目经理部编制的施工组织设计中应包括安全技术措施和临时用电方案。

(6)项目经理部在工程开工前及分部分项工程开工前应加强安全生产条件的检查,

填写《安全生产条件自查表》，随《开工报告》一并报总监审批(附录C中附表C-2、附表C-3)。

(7)依法将工程分包给其他单位的，分包合同中应明确各自的安全生产方面的权利、义务，总承包单位对分包工程的安全生产承担连带责任。项目经理部应对分包单位安全生产实行统一管理，对分包工程的安全实施有效控制。

(8)项目经理部应识别适用的安全生产法律、行政性法规、部门规章、地方性法规、相关标准规范、行业主管部门及建设单位安全管理相关规定等，并收集存档(附录C中附表C-4)。

(9)本规定基于对项目经理部的基本要求，不免除按照法律法规规定应当承担的其他责任。

2.3.2 安全管理要求

2.3.2.1 安全管理目标

(1)项目经理部须制订安全管理目标。

安全管理总体目标：减少一般生产安全事故，遏制较大生产安全事故，杜绝重大、特大生产安全事故，杜绝安全责任事故。

安全管理控制目标：

①无工伤死亡责任事故。

②无火灾、爆炸、中毒、管线破坏等社会影响较大事故。

③安全教育培训率、安全管理人员及特种作业人员持证上岗率、特种设备检测合格率、事故隐患整改率达100%。

(2)安全管理目标应由项目经理组织制订。

(3)项目经理部应根据安全管理目标，并结合工程项目特点、上级管理部门、现场管理机构及总监办相关要求制订总体、年度及月度安全生产工作目标，并将目标分解到各部门和施工队(班组)。

(4)项目经理部应根据分解的安全生产工作计划定期组织考核，并接受上级有关部门的考核。

(5)安全生产目标应在项目经理部会议室悬挂上墙。

(6)项目经理部应在进场3天内制订安全生产目标。

2.3.2.2 安全生产责任制

(1)项目经理部须制订安全生产责任制度。

制度内容应包括：建立安全生产管理组织机构，明确各部门(岗位)的安全生产职责，落实安全生产责任等。

(2)项目经理部应建立安全生产管理组织机构，成立安全生产领导小组，项目经理任组长，安全副经理、其他副经理及总工程师任副组长，各部门(岗位)负责人为成员。

(3)项目经理部成立的安全管理领导小组应报备总监办和公司。

(4)项目经理部主要成员发生变更时，应按规定及时履行变更手续，变更资料应整理归档。项目经理、总工程师、实验室主任变更应经建设单位批准，项目副经理及部门负责人变更应由现场管理机构批准，现场管理机构应将该变更报备建设单位工程部门。专职安全员变更应报总监办批准，由总监办报备现场管理机构。

(5)项目经理部安全生产组织网络图和各部门(岗位)安全生产职责应下发到各部门(岗位)，并悬挂于上墙。

(6)项目经理应与各部门(岗位)负责人、施工队(班组)负责人签订安全生产责任书。

2.3.2.3 安全会议

(1)项目经理部须制订安全会议制度。

制度内容应包括：各类会议的频次、组织及参会人员、主要会议内容、会议记录、会议纪要等。

(2)安全会议分为安全例会和安全专题会议。

安全例会每月不少于1次，由项目经理、副经理、总工程师、各部门负责人、专职安全员、施工队负责人共同参加。会议内容应包括：学习有关安全生产方面的法律法规；贯彻落实上级安全生产文件及会议精神；通报安全生产情况，总结当月安全生产工作，布置下月安全生产任务；研究解决当前相关安全生产问题等。

安全专题会议可根据工程实际情况(如危险性较大的工程安全专项方案的审查、重大事故隐患的整改、重要的施工节点等)适时召开，项目经理部负责人组织相关人员参加，可邀请总监办、现场管理机构有关人员参加。

(3)安全会议与会人员应履行签到手续(附录C中附表C-5)，并做好会议记录(附录C中附表C-6)。

(4)安全会议所决定的重大事项应形成会议纪要下发各部门及施工队(班组)。

2.3.2.4 安全教育培训

(1)项目经理部须制订安全教育培训制度。

制度内容应包括：教育培训计划、形式、时间、频次、参加人员、主要内容、学时及教育培训记录等。

(2)项目经理部应组织相关人员参加现场管理机构等上级有关部门举办的各类安全教育培训。

(3)项目经理、项目副经理、总工程师、安全管理部门负责人、专职安全员及特种作业人员应持证上岗，并参加有关部门组织的继续教育培训。

(4)新进场员工应接受母体公司、项目经理部、施工队(班组)三级安全教育，学满24学时，经考核合格后方可上岗(附录C中附表C-7)。

(5)项目经理部全体员工每年应接受不少于两次的在岗安全教育培训，安全管理人员和特种作业人员不少于32学时，其他作业人员不少于16学时；换岗、复工或采用新工艺、新技术、新设备、新材料的从业人员应接受不少于8学时的安全教育培训，经考核合格后方可上岗(附录C中附表C-8、附表C-9)。

(6)教育培训主要内容应包括：安全生产法律法规和安全生产技术标准；安全生产方面的文件；安全操作规程；项目经理部安全生产规章制度和劳动纪律；安全设备设施及个

人防护用品的使用和维护；新工艺、新技术、新设备、新材料运用方面的安全生产知识；生产安全事故应急救援知识等。

(7)项目经理部对新出台有关安全生产政策、文件、标准等应及时组织学习。

2.3.2.5　施工安全风险评估

(1)符合《公路桥梁和隧道工程施工安全风险评估指南(试行)》规定的项目，应进行施工安全风险评估，项目经理部须制订施工安全风险评估制度。

制度内容应包括：施工安全风险评估项目范围、方法、步骤、组织、报告、过程实施、动态管理等工作要求。

(2)施工安全风险评估项目范围、方法、步骤、报告、动态监管及其他具体要求应参照《公路桥梁和隧道工程施工安全风险评估指南(试行)》。

(3)项目经理部应在工程开工前向总监办和现场管理机构上报施工安全风险评估计划。

(4)施工安全风险评估工作原则上应由施工单位负责实施。总体风险评估应在工程开工前完成，专项风险评估应在评估单元施工前完成。

(5)施工安全风险评估应按照成立评估小组、制订评估计划、选择评估方法、开展风险分析、进行风险估测、确定风险等级、提出措施建议、编制评估报告的程序进行。

(6)施工安全风险评估工作应形成评估报告，并报备现场管理机构。

(7)项目经理部在向总监办上报安全专项方案时，应将施工安全风险评估报告作为附件一并上报。

2.3.2.6　危险源辨识、监控

(1)项目经理部须制订危险源辨识、监控管理制度。

制度内容应包括：辨识标准、方法、步骤、组织、监控管理措施、动态检查等。

(2)项目经理部应在工程开工前应对本标段危险源进行辨识和登记(附录 C 中附表 C-10)。

(3)危险源辨识范围应包括：驻地建设、施工平面布置、道路运输、生产工艺、主要设备装置、作业环境、安全管理行为等方面。

(4)危险源风险评价宜采用作业条件危险性评价法(简称 LEC 法)，也可以采用其他有效的评价方法。

(5)项目经理部应根据发生事故机率的大小和发生事故后果严重程度，把危险源分为 A、B、C 三个级别进行分级管理。事故发生潜在危险性大且难以控制，一旦发生事故将会造成多人伤亡和重大经济损失的，确定为 A 级危险源；事故发生潜在危险性较大且较难以控制，容易发生伤亡或群伤的，确定为 B 级危险源；虽然导致重大事故的可能性较小，但事故经常发生或潜伏有发生事故的可能性较大的，确立为 C 级危险源。当采用 LEC 法评价时，当风险分值 $D \geqslant 160$ 时，确定为 A 级危险源；当风险分值 $160 > D \geqslant 70$ 时，确定为 B 级危险源；当风险分值 $70 > D \geqslant 20$ 时，确定为 C 级危险源。采用其他评价法时，也应根据风险等级对危险源进行 A、B、C 三级分级。

(6)项目经理部应针对识别出的危险源分级编制危险源清单，报备总监办(附录 C

中附表 C-11)。

(7)项目经理部应对 A 级危险源编制安全专项方案或作业指导书,并制订应急救援预案。

(8)项目经理部应对识别出来的危险源加强日常监控、定期检查,检查频率每月不少于 1 次,发现问题应及时履行安全检查程序,并做好检查记录表(附录 C 中附表 C-12)。

(9)对识别出的危险源应在施工现场设置危险源标志牌,内容包括危险源名称、级别、及责任人等。

(10)施工图纸、施工工艺、作业环境等如有变化,应及时调整危险源,制订相应控制目标、措施及责任人,实施动态管理。

2.3.2.7 危险性较大的工程管理

(1)项目经理部须制订危险性较大的工程安全管理制度。

制度内容应包括:危险性较大的工程识别、方案编制计划、编制要求、报批流程、过程管理要求等。

(2)危险性较大的工程安全专项方案应由项目总工组织相关工程技术人员编制。

(3)列入危险性较大的工程范围的项目须编制安全专项方案。危险性较大的工程范围见 2.1.2.8 的规定。

(4)项目经理部应在工程开工前识别本标段危险性较大的工程,制订危险性较大的工程清单报总监办审批(附录 C 中附表 C-13)。

(5)安全专项方案主要内容应包括:

工程概况:危险性较大的工程概况、施工平面布置、施工要求和技术保证条件。

编制依据:相关法律、法规、规范性文件、标准、规范及图纸(国标图集)、施工组织设计等。

施工计划:施工进度计划、材料与设备计划。

施工工艺技术:技术参数、工艺流程、施工方法、检查验收等。

施工安全保证措施:组织保障、技术措施、应急预案、监测监控等。

劳动力计划:专职安全生产管理人员、特种作业人员等。

计算书及相关图纸。

(6)项目经理部应按照施工组织安排,及时编制安全专项方案,对于不需进行专家论证的专项方案,应报施工单位技术负责人审核签认后报总监办审批。

(7)对于需进行专家论证的专项方案,项目经理部应及时组织召开专家论证会。专项方案应在论证会召开 3 天前送达专家组成员及相关人员。

专家论证会人员:专家组成员(5 名及以上符合相关专业要求的专家);现场管理机构相关人员;总监办负责人及相关人员;施工单位技术负责人、安全部门负责人;项目经理部负责人及相关人员;其他相关人员。可邀请建设单位相关人员参加。

项目经理部应根据专家会书面审查意见修改完善安全专项方案,并经公司技术负责人签字确认后报总监理工程师审批,审批完成后报备现场管理机构;对于专家论证会审查未通过的安全专项方案,应重新编制方案,并再次履行审核、专家论证、报批及报备程序。安全专项方案未经审批，不得组织实施。

（8）项目经理部应严格按照批准的安全专项方案组织施工，不得擅自修改、调整；确需修改时，须重新履行审批手续。专职安全员应对方案的实施情况进行现场监督检查。

（9）项目经理部应在危险性较大的工程施工现场设置安全风险告知牌，进行安全风险告知。告知内容包括：危险因素、安全生产要求、应急措施等。

（10）专职安全员负责设立现场安全风险告知牌，应随现场作业内容变化及时更新告知内容。

（11）项目经理部应对安全专项方案的落实情况进行检查，发现问题及时处理。

2.3.2.8　安全技术交底

（1）项目经理部须制订安全技术交底制度。

制度内容应包括：交底负责人、对象、方式、内容、流程、记录等。

（2）交底内容：现场作业内容、施工组织、安全操作规程、安全生产管理要求、安全设施配置要求、现场安全注意事项及应急措施等。

（3）交底流程：安全技术交底应分级进行。工程项目开工前，由项目经理部技术负责人向现场管理人员、施工负责人或工班长交底；分部分项工程开工前，由方案编制人向参与施工的管理人员和作业人员进行交底；每天班前会布置生产任务时，工班长应对本工班作业人员强调当天作业的安全注意事项。

（4）安全技术交底应采用书面交底方式，交底双方应在交底记录上签字，不得代签（附录C中附表C-14）。

（5）现场施工方法、作业环境发生变化时，应重新进行交底。

（6）危险性较大的作业可邀请总监办或现场管理机构派员参与交底。

（7）项目经理部安全员应全过程参与，并监督安全技术交底工作。

2.3.2.9　安全检查与整改

（1）项目经理部须制订安全检查与整改制度。

制度内容应包括：检查形式、检查内容、检查频率、人员组成以及检查记录、整改、复查、验收等。

（2）检查形式应包括定期检查、不定期检查、日常检查。

定期检查：每月不少于1次，由项目经理组织相关人员进行检查。

不定期检查：遇到恶劣自然条件、重大节假日、重大活动、重要施工节点、停工整改复查以及开展专项安全生产活动等，由项目经理部负责人组织相关人员进行检查。

日常检查：项目经理部安全员每日对施工现场安全情况进行检查；项目负责人应对现场安全情况加强检查。

（3）检查内容：

①上级文件的落实情况。

②安全生产责任制及会议、教育培训、交底等规章制度落实情况。

③安全生产工作台账建立情况。

④危险性较大的工程重点部位、关键工序安全保障措施的落实情况。

⑤安全管理人员、特种作业人员挂牌上岗情况。

⑥施工人员安全行为情况。

⑦临时用电情况。

⑧机械设备的安全状况。

⑨现场安全措施及防护情况。

⑩安全标志、标牌完好情况。

⑪安全检查整改落实情况。

⑫其他应该检查的内容。

(4)检查时,检查人要留有原始检查记录,对发现的问题须保留图片或影像资料,并要求立即整改。定期检查后2天内须下发检查通报,通报内容应包括:检查依据、检查内容、存在问题及整改要求等。

(5)不定期检查、日常巡查必要时应现场开具整改通知书(附录C中附表C-15),整改完成后应及时回复(附录C中附表C-16)。

(6)项目负责人、专职安全员进行日常检查应做好检查记录(附录C中附表C-17)。

(7)项目经理部专职安全员应在施工队(班组)整改回复后24小时内进行复查,并做好复查记录。

(8)检查过程中如发现重大安全隐患,检查人员应立即要求停工整改,复查合格后方可复工。

(9)项目经理部对现场管理机构和总监办下发的现场问题通知单应按要求整改,整改后应组织自查,自查合格后应及时上报现场问题整改回复或提出复工申请(附录C中附表C-18、附表C-19)。

2.3.2.10　事故隐患排查和治理

(1)项目经理部须制订事故隐患排查和治理制度。

制度内容应包括:隐患分类、隐患处理方式、隐患排查、隐患报告、隐患治理整改等。

(2)事故隐患分为一般事故隐患和重大事故隐患,隐患等级应结合危险源辨识和施工现场实际情况进行判别。

(3)项目经理部是隐患排查和防范的责任主体。

(4)隐患排查的范围与方法

①隐患排查应包括所有与生产经营相关的场所、环境、人员、设备、设施和活动。

②项目经理部应根据安全生产的需要和特点,采用综合检查、专业检查、季节性检查、节假日检查、日常检查、专项检查等方式进行隐患排查。

③项目经理部应对排查出的事故隐患,按照事故隐患的等级进行分类登记,填写隐患排查登记表(附录C中附表C-20),并按照职责分工实施监控治理。隐患治理应根据隐患排查结果制订隐患治理方法,对隐患及时进行治理。隐患治理的方案应包括目标和任务、方法和措施、经费和物资、机构和人员、时限和要求。重大事故隐患在治理前应采取临时控制措施,并制订应急预案。

(5)对于一般事故隐患应报备总监办,对于重大事故隐患应报告母体公司、总监办、现场管理机构和行业管理单位。当事故隐患等级可能随时间、外界条件变化时，应注重动态监控，并在档案中及时调整其等级，对升级为重大事故隐患的及时补报，对降级的事故隐患也应报告。

(6)对于一般事故隐患，项目经理部负责人或有关人员应立即组织整改。对于重大事故隐患，项目经理部应立即停工整改，项目经理应组织制订、实施事故隐患治理方案，并挂牌公告，明确隐患整改责任人和监督人。项目经理部在隐患未得到治理前及在治理过程中应采取必要的安全防范措施，防止事故发生。

(7)重大事故隐患治理工作结束后，项目经理部应报告母体公司，母体公司应组织本单位的技术人员和专家或委托具备相应资质的安全评价机构对重大事故隐患的治理情况进行评估。评估后符合安全生产条件的，施工单位在报请总监办复查合格后应向现场管理机构及有关部门申请复工，经现场管理机构会同有关部门检查同意后，方可恢复施工。

(8)施工现场任何人发现事故隐患，应及时向项目经理报告。项目经理接到报告后，应及时处理。

2.3.2.11　人员管理

(1)项目经理部须制订人员管理制度。

制度内容应包括：人员登记、安全管理人员及特种作业人员管理、其他有关规定等。

(2)人员登记。项目经理部安全管理部门应对所有进场人员及时分类办理实名登记手续(附录C中附表C-21)，留存身份证复印件。人员离场，应及时在人员登记表中做好记录。

(3)安全管理人员。项目经理、项目副经理、项目总工程师必须取得B类安全管理资格证书；每5 000万元必须配备1名专职安全员，专职安全员必须取得C类安全管理资格证书。安全管理人员安全管理资格证书必须合法有效。项目经理部应对安全员进行明确分工。

项目经理部进场后7天内应向总监办上报安全管理人员登记表(附录C中附表C-22)及分工情况。安全管理人员如有变更，应按规定及时履行报批程序。

(4)特种作业人员。特种作业人员包括：电工作业人员、焊接与热切割作业人员、高处作业人员以及特种设备作业人员。其中，特种设备作业人员主要包括：特种设备相关管理人员、锅炉作业人员、电梯作业人员、起重机械作业人员、场(厂)内专用机动车辆作业人员(叉车、搬运车、牵引车、推顶车操作人员)。

对特种作业人员进行登记时，应留存特种作业人员操作资格证书、特种设备作业人员证原件及复印件备查，并填写特种作业人员登记表(附录C中附表C-23)。

每项工程施工前，项目经理部应对现场从事特种作业的人员进行登记，并报总监办审批。

(5)安全管理人员及特种作业人员应挂牌上岗。

(6)项目经理部应及时组织安全管理人员及特种、作业人员、特种设备作业人员证书延期复审，复审时间要求依据各类证书确定。

(7)对于法律法规规定需持证上岗的其他人员按有关规定执行。

(8)项目经理部不得使用未成年工,不得安排女职工及有病史人员从事有关禁忌作业。

(9)项目经理部应及时发放劳动防护用品,并教育员工正确使用(附录C中附表C-24)。

(10)项目经理部应为施工现场的人员办理意外伤害保险。

2.3.2.12 安全物资管理

(1)项目经理部应制定安全物资管理制度。

制度内容应包括:采购、验收、发放、日常管理等。

(2)安全物资包括:安全网、安全带、安全帽、救生器材、工作鞋、工作手套、面罩、口罩、防护眼镜、耳塞、有关特殊作业工作服等。

(3)项目经理部采购的安全物资质量和性能应符合国家或行业有关标准,安全网、安全带、安全帽等应具有生产(制造)许可证、产品合格证和销售许可证。

(4)安全部门应参与安全物资的验收工作,并做好安全物资的验收记录(附录C中附表C-25),验收合格后移交专人保管。

(5)项目经理部应根据施工需要及时发放安全物资,并做好安全物资领用发放记录。

(6)项目经理部在组织安全检查时应对安全物资进行检查,如发现有损坏或不满足安全要求,应及时更换。

2.3.2.13 临时用电管理

(1)项目经理部须制订临时用电安全管理制度。

制度内容应包括:临时用电施工组织设计报批、安装、验收、检查和检修及有关强制性规定等。

(2)项目经理部应根据《施工现场临时用电安全技术规范》(JGJ 46—2005)的要求,在进场后7天内由电气工程技术人员组织编制临时用电施工组织设计,经相关部门及母体公司技术负责人审核签认,总监批准后报备现场管理机构。

(3)施工现场临时用电应由持证的专职电工作业人员实施安装,工程技术人员和安全管理人员应做好配合和协助工作。安装完毕,应按总平面布置图和局部布置图要求,对配电箱和开关箱逐一编号。

(4)现场临时用电安装完毕,应由方案编制、审核人员、项目经理部相关人员、总监办负责人及相关人员共同验收,合格后方可投入使用(附录C中附表C-26)。

(5)项目经理部对临时用电工程应按分部、分项工程每月组织一次检查,对安全隐患必须及时处理,并应履行复查验收手续。

(6)电工应每日对临时用电进行一次巡查,发现问题及时检修,并将巡查情况记入电工巡视维修记录表,每周由项目经理审核认可(附录C中附表C-27)。

(7)非电工作业人员和无证人员不得从事临时用电的安装检查和检修工作。

2.3.2.14 消防安全管理

(1)项目经理部须制订消防安全责任制度。

制度内容应包括：消防安全设施配备、消防安全责任人和义务消防队及其职责、消防安全检查、消防设施维护、有关规定等。

(2)项目经理部应按规定在项目经理部办公、生产、生活用房及现场有关场所或部位设置消防设施(附录C中附表C-28)。

(3)项目经理部应明确各重点防火部位责任人及其消防安全职责，制订重点防火部位责任人一览表(附录C中附表C-29)。各部位消防安全责任人应在现场醒目位置张贴公示。

(4)项目经理部应成立义务消防队，明确义务消防队消防安全职责，并每年至少组织1次消防演练。

(5)项目经理部应按规定对现场消防器材统一编号，并绘制消防器材平面布置图。现场消防器材应正确摆放，位置醒目，四周不得有障碍物。消防器材上使用说明、使用方法、有效期等资料应清晰明了。

(6)各消防责任人应每月对责任范围进行1次巡查，发现问题应及时处理，并填写安全检查记录表(附录C中附表C-17)。

(7)项目经理部在组织安全检查时，应对现场消防安全进行检查，发现问题及时处理。

(8)任何人员不得随意移动和破坏消防设施。

2.3.2.15　机械设备管理

(1)项目经理部须制订机械设备管理制度。

制度内容应包括：机械设备分类、登记、验收、报批、维护保养及档案管理等。

(2)机械设备按照特种设备、关键设备、主要设备和一般设备进行分类管理。

特种设备包括：锅炉、压力容器(焊接气瓶等)、电梯(载人、载货电梯)、起重机械其中，起重机械即用于垂直升降或者垂直升降并水平移动重物的机电设备，其范围规定为额定起质量大于或等于0.5t的升降机；额定起质量大于或等于1t，且提升高度大于或等于2m的起重机和承重形式固定的电动葫芦等。例如，龙门吊、架桥机、汽车吊、履带吊、浮吊、塔吊、场(厂)内专用机动车辆(仅在施工区域内使用的叉车、搬运车、牵引车、推顶车)。

关键设备：指虽未列入特种设备名录但在施工生产中危险性大的设备，包括工具式模板(爬模、滑模、翻模等)、移动模架、挂篮等。

主要设备：指在施工现场使用较多、危险性较大的设备，包括拌和设备(混凝土拌和楼(机)、稳定土拌和机、粒料拌和机、沥青混凝土拌和楼等)、桩工机械(回旋钻机、旋挖钻机、打桩机、静压桩机、振拔桩锤、粉喷桩机、湿喷桩机等)、场内机动车辆(压路机、推土机、平地机、装载机、摊铺机、挖掘机、路拌机、洒水车、沥青洒布车、翻斗车等不属于特种设备范围且仅在施工区域内使用的机动车辆)、运输设备(需经过地方道路通行的运输车辆、混凝土搅拌车、混凝土泵车、运梁车等)、工程用船舶(起重船、打桩船、挖泥船、交通船等)以及其他危险性较大的设备(混凝土拖泵、卷扬机、发电机、空压机、电焊机、对焊机、张拉设备等)。

一般设备:指结构简单、维护方便危险性较小的中小型机械设备,包括钢筋加工机械(弯曲机、切断机、调直机等)、模板加工机械(锯床、刨床等)、压浆机、手持电动工具等。

(3)机械设备登记。项目经理部应对机械设备及时进行分类登记,并填写机械设备登记表(附录C中附表C-30)。登记时,应留存特种设备检测合格证、关键和主要设备验收记录表。

特种设备和关键设备进场后按照一机一档的原则进行管理,特种设备还应向工程所在地的特种设备安全监督管理部门登记。

(4)机械设备验收。项目经理部负责人应组织设备、工程、安全管理部门对设备进行验收,并填写机械设备验收记录表(附录C中附表C-31)。一般设备可由操作人员自行验收,并对验收结果进行登记。

运输设备应留存有效的行驶证及操作人员驾驶证复印件,工程用船舶应留存有效的各类船舶证书及船舶操作人员资格证书复印件等相关资料备查。

(5)机械设备报批。项目经理部应在特种设备进场后24小时内向总监办报批,经总监办批准后方可投入使用。

需要安装的特种设备应在完成安装后24小时内报特种设备检测部门检测,并同时书面告知总监办。检测合格后报特种设备安全监督管理部门登记。

项目经理部须将所有的特种设备登记标志置于设备的显著位置。

项目经理部短时租用可移动式的特种设备进场后,专职安全员和监理员应立即检查设备的检测合格证、操作人员的资格证书,并及时登记。

关键设备的安装应依据危险性较大的工程管理要求编写安全专项方案,按照安全专项方案的审批程序,报总监审批。安装结束后,总监办负责人应参与项目经理部组织的验收,验收合格后方可投入使用。

(6)机械设备维护保养。对特种及关键设备,使用部门或班组应对其定期维护保养,并填写机械设备维护保养记录表(附录C中附表C-32)。其他设备应由操作手或使用人做好经常性维护保养工作。

(7)机械设备档案。对特种及关键设备,应一机一档。档案资料应包括检测合格证、产品合格证 、作业人员操作证、维护保养记录等。

(8)项目经理部应将机械设备安全操作规程悬挂于设备操作室或主要工作场所。

(9)除运输车辆和工程用船舶操作人员应根据国家法律法规规定取得相应资格外,对于其他关键和主要设备操作人员,施工单位应自行或委托社会专门机构进行培训,经考核合格后,由施工单位发放上岗证。

2.3.2.16 安全生产费用管理

(1)项目经理部须制订安全生产费用管理制度。

制度内容应包括:安全生产费用使用计划、使用范围、费用报批、资金管理等。

(2)安全生产费用使用计划和使用

①项目经理部应结合施工组织设计,在工程开工前编制安全生产费用使用总体计划,作为开工报告的组成部分,一并报总监办审批(附录C中附表C-33)。

②根据总体计划每月 25 日前向总监办上报下月安全生产费用使用计划(附录 C 中附表 C-34)。

③项目经理部应按照现场管理机构或上级有关部门规定的范围内使用。

(3)安全生产费用报审

①项目经理部应按照实际使用情况现场计量、按实支付。

②所有支出凭证都必须经专职安全员签字确认、项目经理审核、安全监理工程师签字认可。

③随当月工程计量一并上报总监办审核。上报资料附件包括:当月安全生产费用使用情况记录表(附录 C 中附表 C-35)、有关明细账单,并附发票、调拨单、照片等。

④对于无法以具体单位计量的,或者采用具体单位数量计量难度较大的安全生产费用按合同约定执行。

(4)安全生产费用资金管理。

①项目经理部应确保安全生产费用专款专用、统筹安排。

②项目经理部应建立安全生产费用使用台账。

(5)项目经理部安全生产费用实际投入超出合同规定的安全生产费用总额的,按合同约定处理。

(6)项目经理部依法将工程分包的,应在分包合同中明确分包工程安全生产费用使用及支付等条款。

2.3.2.17 安全考核及奖惩

(1)项目经理部须制订安全考核及奖惩管理制度。

制度内容应包括:考核及奖惩目的、组织、依据、要求、频次、通报及具体考核奖惩细则等。

(2)项目经理部安全生产管理领导小组负责考核工作。

(3)每季度考核 1 次,考核对象为项目经理部各部门(岗位)、施工队(班组)。

(4)考核要求:项目经理部应根据分解后的安全生产工作目标制订考核奖惩细则进行考核和奖惩。

(5)考核后 7 天内应下发考核通报。通报内容应包括:考核依据、考核结果及奖惩决定等。

(6)在考核奖惩细则中还应明确下列奖罚内容:

对在安全生产工作中积极献计献策被采用且取得明显效果的施工人员;在各项安全生产活动中表现突出、成绩显著的施工人员;在施工生产过程中及时制止严重违章指挥、违章作业或发现消除重大事故隐患,避免生产安全事故发生的施工人员,应进行奖励。

对习惯性违章行为屡教不改的;强令施工人员冒险作业的;对安全生产管理人员打击报复的;对整改措施不落实或故意拖延的;不服从项目安全生产管理的;故意破坏现场安全生产设施的;其他严重违反安全生产规章制度的施工人员,应进行处罚。

(7)项目经理部应对历次奖惩情况进行统计,填写安全生产考核奖(惩)记录表(附录 C 中附表 C-36)。

2.3.2.18 事故报告、调查和处理

(1)项目经理部须制订事故报告制度。

制度内容应包括:事故报告程序、时间、内容、应急处置组织、应急响应等。

(2)项目经理部安全生产领导小组负责生产安全事故的应急处置工作。

(3)项目经理部应及时、如实上报生产安全事故,不得迟报、漏报、谎报和瞒报。

发生生产安全事故,事故现场负责人或相关人员应立即向项目经理报告。项目经理接报后,应立即向所在单位负责人、总监办、现场管理机构和工程所在地的安全监督部门书面报告。

发生重、特大和较大生产安全事故,应在30分钟内快报、12小时内进行第一次续报。

发生一般生产安全事故后,应在事故发生后1小时快报、24小时内进行第一次续报。

事故在第一次续报后出现新情况的,应当继续报告。在事故发生后30天内,伤亡人数发生变化的,应及时补报。

(4)事故快报应采用统一表式(附录C中附表C-37)。报告内容应包括:事故单位概况,事故发生的时间、地点以及事故现场情况,事故的简要经过,事故已经造成或者可能造成的伤亡人数(包括下落不明的人数)和初步估计的直接经济损失,已经采取的措施,以及其他应当报告的情况。

(5)发生生产安全事故后,项目经理部应立即启动应急救援预案,组织力量抢救,保护好事故现场,配合调查组进行事故调查。

(6)事故调查结束后,项目经理部应按照“四不放过”的原则对负有事故责任的人员进行处理,并落实防范和整改措施。

2.3.2.19 应急救援

(1)项目经理部须编制综合应急救援预案和专项应急救援预案。

(2)项目存在多种以上风险种类和可能发生多种事故类型的,应当组织编制本项目的综合应急预案。综合预案基本要素参照本指南2.1.2.13。

(3)项目经理部应当针对每一种类的风险,根据存在的重大危险源和可能发生的事故类型,编制相应的专项应急预案。

专项应急救援预案基本要素应包括:事故类型和危害程度分析、应急处置基本原则、组织机构及职责、预防与预警、信息报告程序、应急处置、应急物资与装备保障。

(4)项目经理部应按照预案要求组织演练,每年不少于1次。

(5)应急救援演练程序应包括演练准备、演练实施、演练总结三个阶段,并将演练资料整理归档。

(6)应急救援预案编制具体要求应参照《生产经营单位安全生产事故应急预案编制导则》、《公路水运工程生产安全事故应急预案》执行。

2.4 安全生产管理资料

2.4.1 一般规定

(1)安全生产管理资料应按照规定要求,分册整理归档。

(2)各参建单位应使用统一的硬质外壳的文件盒,在侧立面标注台账种类,盒内扉页应根据资料内容粘贴台账目录。

(3)除统一规定的安全管理台账外,各参建单位可根据实际工作需要增设。

(4)台账用表应统一使用附表中规定的表式,自行增设的台账种类表式可自行设计。

2.4.2 现场管理机构安全管理资料

第一册:安全管理文件

安全管理收发文件

安全法律、法规及标准清单(含附件)

安全管理规章制度

第二册:安全管理目标、计划及总结

安全管理目标

总体、年度、季度安全工作计划

各部门(岗位)及相关人员安全管理分解目标

安全管理年度、季度总结材料

监理月报

第三册:安全生产责任制

安全管理领导小组及网络图

现场管理机构负责人及各部门安全管理职责

与各总监办、项目经理部签订的安全管理责任书

各总监办报备的安全监理领导小组及网络图

现场管理机构、总监办及项目经理部主要人员变更记录

第四册:安全会议

安全会议通知

安全会议签到表

安全会议记录表

安全会议纪要

第五册:安全教育培训

人员登记表

安全教育培训登记表

安全教育培训记录表

安全知识考核记录

安全宣传的相关资料

第六册:施工安全风险评估

施工安全风险评估项目范围

各项目经理部上报的施工安全风险评估计划

施工安全风险评估完成情况汇总表

第七册:安全生产条件审查

总监办安全生产条件审查表及附件

各总监办报备的项目经理部的工程开工安全生产条件审查表及附件

工程项目开工安全生产条件审查表及附件(抽查)

第八册:安全生产预警提示

管线保护登记表

管线交底记录表

其他预警提示记录

第九册:危险性较大的工程管理

危险性较大的工程一览表

专家论证的危险性较大的工程汇总表

各总监办报备的各项目经理部危险性较大的工程清单

相关审查会议通知、方案资料、专家审查意见或会议纪要

第十册:安全检查与整改

安全检查通知、记录、通报、整改回复资料

现场问题通知单

现场问题整改回复单

停工指令、复工申请、复工指令

安全检查图片及影像资料

上级有关部门安全监督检查通报及整改情况反馈

第十一册:安全生产费用

总监办报备的项目经理部安全生产费用使用总体计划表

安全生产费用使用情况抽查记录

安全生产费用支付台账(分标段汇总)

第十二册:安全考核和奖惩

对总监办定期安全检查考核资料

对项目经理部定期安全检查考核资料

考核通报

上级有关部门安全考核通报资料

第十三册:事故报告、调查、处理和应急救援

交通运输建设工程生产安全事故快报表

生产安全事故续报资料

事故诫勉谈话记录

事故调查处理相关资料

现场管理机构的应急救援预案

总监办报备的各项目经理部应急救援预案

现场管理机构组织的应急救援演练通知、方案、过程资料及总结资料

2.4.3 总监办安全管理资料

第一册:安全管理文件

安全管理收发文件

安全管理法律、法规及标准清单(含附件)

安全监理规章制度汇编

各项目经理部报备的安全管理规章制度汇编

第二册:安全监理目标

安全监理目标

各部门(专业监理工程师)安全监理分解目标

安全监理计划及审批记录

安全监理实施细则及审批记录

安全监理月报

第三册:安全监理责任制

安全监理领导小组及网络图

总监、副总监及各部门(专业监理工程师)安全监理职责

现场管理机构与总监办及项目经理部签订的安全生产责任书

项目经理部报备的安全管理领导小组及网络图

总监办及项目经理部主要人员变更资料

第四册:安全会议

安全会议通知

安全会议签到

安全会议记录

安全会议纪要

第五册:安全教育培训

人员登记表

安全教育培训登记资料

安全教育培训记录资料

安全监理知识考试记录

第六册:安全管理人员和特种作业人员审查

项目经理部安全管理人员登记表及审查记录

安全管理人员资格证书复印件

项目经理部特种作业人员登记表及审查记录

特种作业人员资格证书复印件

第七册:特种及关键设备审查

特种及关键设备登记表及审查记录

特种及关键设备检测合格证复印件

特种及关键设备验收资料

第八册:危险性较大的工程安全专项方案

项目经理部上报的危险性较大的工程清单及审批记录

项目经理部上报的安全专项方案及审批记录

专家审查意见

施工安全风险评估报告

危险性较大的工程开工安全生产条件审查表及附件

项目经理部上报的危险源清单

项目经理部上报的隐患排查登记表

第九册:安全生产费用

项目经理部的安全生产费用使用总体计划及审批资料

项目经理部安全生产费用使用月度计划

项目经理部安全生产费用月度使用清单

第十册:安全检查与整改

安全检查通知、记录、通报、整改回复资料

现场问题通知单

现场问题整改回复单

停工指令、复工申请、复工指令

安全检查图片及影像资料

项目经理部上报的有关隐患整改计划和防范措施

上级有关部门安全检查通报及整改情况反馈

第十一册:安全监理交底

安全监理交底记录

第十二册:安全监理日志及旁站记录

安全监理日志

监理旁站记录

第十三册:安全监理考核及奖惩

安全监理考核及奖惩情况汇总

第十四册:安全事故及应急救援

事故快报及续报相关资料

应急组织机构及职责

应急响应程序

应急保障措施

各项目经理部应急救援预案及审批记录

2.4.4 项目经理部安全管理资料

第一册:安全管理文件

安全管理收发文件

安全管理法律、法规及标准清单(含附件)
安全管理规章制度汇编
安全操作规程汇编

第二册:安全生产目标
安全生产目标
各部门和施工队(班组)安全生产分解目标
总体、年度、月度安全工作计划
季度、年度安全工作总结
安全月报

第三册:安全生产责任制
项目经理部安全生产领导小组及网络图
项目经理、副经理、总工程师及各部门(岗位)安全生产职责
现场管理机构与项目经理部签订的安全生产责任书
项目经理部与各部门和施工处(班组)签订的安全生产责任书
项目经理部主要人员变更资料

第四册:安全生产会议
安全会议通知
安全会议签到表
安全会议记录表
安全会议纪要

第五册:安全生产教育培训
安全教育培训登记
安全教育培训记录
三级安全教育卡
安全教育培训考核资料(含岗前、换岗、复工等教育培训)
教育培训教材或资料
安全宣传资料

第六册:危险源辨识、监控
危险源辨识登记表
危险源清单(分级登记)
危险源作业指导书
危险源检查记录表
标志标牌设置登记资料

第七册:危险性较大的工程
危险性较大的工程清单及审批资料
危险性较大的工程安全专项方案及审批资料
专家审查意见

安全风险告知牌设置登记资料

第八册:安全技术交底

安全技术交底记录

第九册:安全检查与整改

临时用房及临时设施验收资料

支架(脚手架)验收资料

项目经理部安全检查通知、记录、通报、整改回复资料

上级有关部门安全检查通知、通报或现场问题通知单、整改回复资料

停工指令、复工申请、复工指令

安全检查图片及影像资料

第十册:事故隐患排查和治理

事故隐患排查登记资料(分类登记)

事故隐患报备记录

事故隐患整改计划和防范措施资料

重大事故隐患治理方案、治理情况评估资料

重大事故隐患公告牌设置资料

第十一册:人员管理

人员登记表(附身份证复印件)

安全管理人员登记表及审查记录(附资格证书复印件)

安全员分工相关资料

特种作业人员登记表及审查记录(附资格证书复印件)

劳动防护用品发放登记表

员工意外伤害保险资料

第十二册:安全物资管理

安全物资采购验收资料

安全物资生产(制造)许可证、产品合格证和销售许可证等相关资料

安全物资领用发放记录

第十三册:临时用电

临时用电施工组织设计及审批记录

临时用电安装验收记录

临时用电配电箱设置资料

搭铁电阻、绝缘电阻和漏电保护器漏电动作参数测定记录,定期检(复)查表

电工安装、巡检、维修、拆除工作记录

第十四册:消防安全

消防设施配置情况一览表

消防器材平面布置图

重点防火部位责任人一览表
消防安全检查记录
义务消防队成员名单

第十五册:机械设备
机械设备登记表
机械设备验收记录
特种及关键设备(一机一档)审查相关资料复印件
关键及主要设备操作手资格证或上岗证复印件等
运输设备行驶证及操作人员驾驶证复印件
工程用船舶等各类船舶证书及船舶操作人员资格证书复印件
机械设备维护保养记录

第十六册:安全生产费用
安全生产费用使用总体计划及审批记录
安全生产费用使用月度计划
安全生产费用月度使用清单
安全生产费用使用台账

第十七册:安全考核及奖惩
考核通报
安全考核奖惩情况汇总

第十八册:事故报告、调查、处理和应急救援
生产安全事故快报、续报资料
事故调查处理相关资料
应急救援预案(综合预案和专项预案)及审批记录
应急救援演练通知、方案、过程资料及总结资料

第十九册:施工安全风险评估
施工安全风险评估计划
施工安全风险评估报告及审批记录

3　现场通用篇

3.1　临时用房及临时设施

3.1.1　一般规定

3.1.1.1　临时用房包括项目经理部驻地、试验室、拌和场、预制场、钢筋加工场临时用房和施工现场临时用房。临时设施包括临时便道、便桥、栈桥、临时码头、材料加工场等。

3.1.1.2　临时用房及临时设施须设置在安全地段，避开高压线、滑坡、泥石流、爆破区、洪水位下、强风口、取(弃)土场等危险区域。

3.1.1.3　临时用房及临时设施须编制方案，包括位置、占地面积、功能区划分、道路布置、排水及供电设施、消防设施及施工设备等，并对安全设施做出详细说明，方案经总监审批后组织实施，验收合格后投入使用。

3.1.1.4　装配式临时用房应有产品合格证。采用复合彩钢板搭建临时用房时，其芯材燃烧性能等级应为 A 级(不燃型)，并提供相关检测资料。

3.1.1.5　临时用房、临时设施的消防设施布置应满足《建设工程施工现场消防安全技术规范》(GB 50720—2011)的相关要求。

3.1.1.6　临时用房、临时设施的供用电须符合《施工现场临时用电安全技术规范》(JGJ 46—2005)的相关要求。

3.1.1.7　生活用水须符合国家相关饮用水标准。

3.1.1.8　总监办临时用房和设施参照项目经理部标准执行。

3.1.2　项目经理部驻地

3.1.2.1　项目经理部驻地(图 3-1)应设在靠近现场或关键施工区，房屋宜采用统一的装配式活动板房，搭建不应超过两层。若临时租用房屋时，所租房屋除满足使用功能外，须符合消防等安全要求。

图 3-1　项目经理部驻地图例

3.1.2.2　项目经理部临时用房应满足以下要求：

(1)结构牢固，具有抗台风及暴雨雪的能力，屋顶应采用人字形，并加设缆风绳或其他稳固措施。

(2)临时用房间距须满足消防要求规定的净距且不小于7.0m。宿舍及办公用房与在建工程的间距应不小于10.0m,且不应与厨房操作间、锅炉房、变配电房等组合建造。

(3)双层临时用房,每层建筑面积大于300m² 时,应设置不少于两部疏散楼梯,疏散走道及楼梯的净宽度不应小于0.9m。

(4)临时用房搭设完成后由安装单位、项目经理部、总监办共同验收,相关资料归档。验收资料包括方案、产品合格证、生产及安装单位资质证明等。

3.1.2.3 项目经理部容纳50人以上的大会议室应设置两个门,门向外开启,确保发生危险时人员能安全疏散。

3.1.2.4 驻地内应设置完善的排水系统,保证排水通畅,并符合排放要求。

3.1.2.5 食堂须有卫生许可证、食堂操作人员应持身体健康证。食堂应配备排风和冷藏设施,地面铺设防滑地砖,燃气罐单独设置存放间。

3.1.2.6 驻地消防应满足以下要求:

(1)宿舍、办公用房在200m² 以下时应配置两具MF/ABC4灭火器,每增加100m² 时,增配1具MF/ABC4灭火器。

(2)会议室、食堂、配电房、材料库等须单独配置两具MF/ABC4灭火器。

3.1.3 试验室

3.1.3.1 试验室宜设置在项目经理部驻地或拌和场内,试验区与生活区应分开设置,间距不小于15m。

3.1.3.2 试验室临时用房搭设及验收等参照项目经理部驻地相关要求执行。

3.1.3.3 试验室应配置独立的专用电力线路,标准养护室等湿度大的环境应使用电缆线及密闭照明灯具。固定电源插座宜高出地面1.0m。

3.1.3.4 试验室消防应满足以下要求:

(1)办公用房在200m² 以下时应配置两具MF/ABC4灭火器,每增加100m² 时,增配1具MF/ABC4灭火器。

(2)沥青室、沥青混合料室、可燃溶剂存放区、配电房等应单独配置两具MF/ABC4灭火器,试验室应备有不少于0.5m³ 消防砂,同时备有消防桶、消防锹等工具。

3.1.3.5 试验室安全要点:

(1)试验人员应持证上岗,遵照操作规程或作业指导书相关要求操作,试验过程中不得擅自离开工作岗位。

(2)压力机、万能试验机等设备应设置便于操作的金属防护罩或防护网,防止试件飞溅伤害人员或设备,防护网(罩)网眼尺寸不大于10.0mm×10.0mm。

(3)按规程要求进行安装调试,须加以固定的设备就位后应固定妥当,防止设备使用过程中失稳。

(4)沥青室、沥青混合料室等存在有害气体的场所应安装大功率通风橱或排气扇。

(5)试验人员接触电炉、烘箱等高温设备或进行沥青、化学试验操作时,必须正确佩戴相应的防护用品。

(6)仪器设备运行出现异常情况应立即停机、切断电源,并排除故障。仪器设备应有专人定期检查维修。

3.1.4　施工现场临时用房

3.1.4.1　施工现场临时用房(图3-2)应与临时施工点、主要施工区等场地配套建设,应搭建在安全区域,同时不妨碍工程施工。

3.1.4.2　采用统一装配式房屋,其搭设、验收等参照项目部驻地相关要求执行。

3.1.4.3　现场临时用房应统一设置标志牌,标志牌应有房屋的用途、编号、搭建日期、验收日期、验收负责人、相关安全责任人等信息。

3.1.4.4　室内配线不应使用可移动硬质护套线,不得悬空乱拉。

3.1.4.5　现场临时值班房不得使用电磁炉、电炉、煤气灶等炉具。

3.1.4.6　用作堆放材料、工具、小型机具的临时用房严禁住人,不得堆放易燃易爆物品。

3.1.4.7　现场临时值班房与氧气库、乙炔库的间距不应小于20.0m,与木材加工场、钢筋加工场、木材库的间距不应小于15.0m,与临时油库的间距不应小于50.0m。

3.1.4.8　现场临时用房配置的灭火器数量不得少于两具MF/ABC2灭火器。

3.1.5　拌和场

3.1.5.1　项目经理部应按照投标文件进行拌和场的选址与规划,并编制拌和场建设方案,报总监审批。拌和场(图3-3)应选择交通、水电便利的位置,宜避开居民区、学校等人员密集区,并采用封闭式管理。

图3-2　现场临时用房图例

图3-3　拌和场图例

3.1.5.2　临时用房应采用统一的装配式房屋,其搭设、验收等参照项目经理部驻地相关要求执行。

3.1.5.3　项目部应编制沥青拌和楼安装与拆除安全专项方案,主要包括拌和楼安装、拆除的安全措施及相关计算书等,方案须报总监审批。

3.1.5.4　拌和场临时设施应符合以下要求:

(1)现场应当划分生活区、拌和作业区、材料存放区及机械设备停放区等。

(2)住宿区、值班房、配电房等临时用房宜搭建在场地的一侧或四周。临时用房与沥青、导热油存放区间距不小于50.0m,油罐周围应采用围墙或通透式围栏进行隔离,并设置禁止、警告标志。

(3)拌和场进、出口宜分开设置,宽度不小于6.0m;只设置1个出入口时,应在现场内设置车辆运行的运输通道和消防通道。出入口应设置禁止、警告、指令标志。

(4)储料仓搭设钢结构顶棚时,顶棚高度不小于7.0m,满足防台、防雨雪等要求。

(5)拌和楼、储料罐等基础应按方案施工,定期进行沉降观测。

3.1.5.5 拌和场消防应满足以下要求:

(1)水泥混凝土、水稳拌和场作业区、沥青拌和场作业区每100m^2配置1具MF/ABC4灭火器,且不少于两具。

(2)沥青存放区、导热油存放区及燃油存放区每处配置两具MFT/ABC20灭火器,还应备有不少于0.5m^3消防砂,并备有消防桶、消防锹等工具。

3.1.5.6 拌和楼安装、拆除安全要点:

(1)拌和楼安装、拆除前应对作业人员进行安全技术交底。特种作业人员应持证上岗。

(2)作业区应设置警戒线,由专人负责警戒,防止无关人员进入施工现场。

(3)拌和楼安装前应对混凝土基础、用电设备、起重机具及设备、临时用电、防护用品等进行检查。

(4)拌和楼安装、拆除应在白天进行,并应避开阴雨、大风、大雾天气;风力大于6级时不得安装、拆除作业。

(5)拌和楼安装结束后,项目经理部组织有关人员进行检查验收。

3.1.5.7 储料罐、拌和楼须设置避雷设施,并对避雷设施进行验收。

3.1.5.8 拌和场内的设备应在相应位置设置安全操作规程牌,作业人员须严格按照操作规程作业。

3.1.5.9 拌和场车辆行驶路线、配电房、油库、作业区等危险部位设置警示、指示标牌。

3.1.6 预制场

图3-4 预制场图例

3.1.6.1 项目经理部应按照投标文件进行预制场的选址与规划,并编制预制场建设方案,报总监审批。预制场(图3-4)应选择方便施工以及交通、水电便利的位置,宜避开居民区、学校等人员密集区,采用封闭式管理。预制场选址宜与拌和场、钢筋加工场的选址综合考虑。

3.1.6.2 临时用房应采用统一的装配式房屋,其搭设、验收等参照项目经理部驻地相关要求执行。

3.1.6.3 预制场临时设施应符合以下要求：

(1)预制场应合理划分办公生活区、制梁区、存梁区等功能区，各功能区应相对独立。

(2)作业区与临时用房的间距不应小于15.0m，油库与临时用房的间距不应小于50.0m。

(3)预制梁台座、存梁埂、龙门吊轨道基础结构形式应根据地基承载力进行验算后确定，并在使用过程中加强沉降观测。

(4)龙门吊轨道应水平，轨道铺设应顺直，轨道的两端应设置车挡。轨道在使用过程中应根据沉降观测结果进行调整，以避免龙门吊机在运行过程中出现安全事故。

3.1.6.4 预制梁作业区应每150.0m^2配置1具MF/ABC4灭火器，且不得少于两具。

3.1.6.5 每台龙门吊醒目位置设置安全操作规程牌、设备检测检验牌等。预制梁张拉、梁板吊装等作业现场设置警告警示标牌。预制场进出口处、运梁通道、龙门吊运行轨道、配电房等危险场所设置警告标志、指示标志牌。

3.1.7 钢筋加工场

3.1.7.1 项目经理部应按照统一规划并结合工程实际情况进行钢筋加工场的选址，编制钢筋加工场建设方案，报总监审批。

3.1.7.2 临时用房应采用统一的装配式房屋，其搭设、验收等参照项目经理部驻地相关要求执行。

3.1.7.3 钢筋加工场临时设施应符合以下要求：

(1)钢筋加工场(图3-5)应合理划分为加工区、成品区、材料堆放区、运输及安全通道等功能区，各功能区应相对独立。

图3-5 钢筋加工场图例

(2)钢筋加工棚应进行专门设计，满足防台风、防雨雪等要求。

(3)临时用房与乙炔库、氧气库的间距不小于20.0m，乙炔库与氧气库应分开设置，单独存放。

3.1.7.4 钢筋加工场临时用电应按规划布设。分配电箱至用电设备间电缆线应埋地敷设；焊机电缆必须绝缘良好；焊接设备上的电机、电器、空压机等应有完整的防护外壳，一次、二次接线柱处应有保护罩。

3.1.7.5 钢筋作业安全要点：

(1)钢筋加工机械设备应安装牢固、稳定。固定式机械必须有可靠的基础，移动式机械作业时应楔紧行走轮。

(2)钢筋切断机作业前，应先进行试运转，检查刃口不松动，运转正常后方可进行切断作业。

(3)严禁在弯曲钢筋的作业半径内和机身不设固定销的一侧站人。

(4)钢筋调直及冷拉场地应设置防护挡板,冷拉场地在两端地锚外侧设置警戒区,装设防护栏杆及警告标志,操作人员在作业时必须离开钢筋2.0m以外。

(5)卷扬机的位置应使操作人员能看到全部冷拉场地,距离冷拉中线不少于5.0m。

(6)钢筋加工棚外进行焊接作业时,电焊机应设有防雨、防晒的机棚,雨天不得露天电焊。焊接作业时必须采取防止触电和火灾等事故的安全措施。

(7)焊机在工作前必须对电气设备、操作机构和冷却系统等进行检查,并用试电笔检查机体外壳有无漏电现象。

(8)高空焊接或切割时,作业人员须正确佩戴安全带,焊件周围和下方应采取防火措施并有专人监护。

(9)夜间作业的照明设施,应装设场地上方,高度不小于5.0m,灯具应设防护罩。

(10)机械垂直吊运钢筋时,应捆扎牢固,吊点应设在钢筋束的两端,钢筋上升要平稳,不得超重起吊。起吊钢筋骨架时,下方禁止站人,待钢筋骨架降落至离地面或安装高程1.0m以内时才能靠近操作,放稳或支撑稳定后方可摘钩。

3.1.7.6 钢筋加工棚150.0m^2以下时应配置两具MF/ABC4灭火器,每增加100.0m^2时,增配1具MF/ABC4灭火器。

3.1.7.7 钢筋加工棚内应设置钢筋加工机械安全操作规程牌。

3.1.7.8 钢筋加工场出入口、施工车辆行驶道路、焊接作业区、配电设施、乙炔库、氧气库等危险场所应设置警告标志牌。

3.1.8 施工便道、便桥

3.1.8.1 施工便道、便桥宜设置在主线一侧。

3.1.8.2 项目经理部应当编制临时便道、便桥施工方案,施工便桥应编制安全专项方案,报总监审批。实施完成后应报监理工程师检查验收,合格后方可投入使用。

3.1.8.3 施工便道、便桥应符合以下要求:

(1)便道宽度不得低于招标文件规定且要满足施工要求,70%以上路段路面宽度应不小于7.0m,其余路段路面宽度应不小于4.5m,便道路面宽度小于7.0m的段落应每400m设置一处错车道,错车道长度不小于20.0m。

(2)施工便道侧按规定设置排水沟,确保排水通畅。

(3)沿沟槽铺设临时便道时,路边与槽边的距离不得小于1.5m,并设安全标志;便道边坡高度大于2.0m或临近河岸须设防护栏杆和警示标志。

(4)临时便道下穿各种架空管线、建(构)筑物时,其净空应满足车辆通行安全要求。当净空不满足要求时,应在醒目位置设立限高、限宽标志,必要时设置限高、限宽门架,夜晚加设警示灯。

(5)便桥应专门设计,满足通航、泄洪等要求,并设置防撞墩或采取其他防撞设施。汽车便桥净宽宜不小于4.0m。

(6)便桥两侧须设防护栏杆,桥面应具有良好的防滑性能,钢质桥面应设防滑条。

3.1.8.4　施工便道、便桥在转角、视线不良地段需设置警示标志标牌。便道路口应设限速标志，施工便道与建筑物、城市道路等转角、视线不良路段应设提示标志，跨越（临近）道路施工应双向设置限速慢行等警告标志，道路危险段设置“危险地段，注意安全”等警告标牌。便桥桥头应设置限宽、限载、限速等标志牌。

3.1.8.5　应加强对临时便道、便桥的日常检查与维护。

3.1.9　栈桥、临时码头

3.1.9.1　栈桥（图3-6）、临时码头应专门设计并编制安全专项方案，报总监审批。栈桥、码头搭设完毕后报监理工程师验收，合格后方可投入使用。

图3-6　栈桥图例

3.1.9.2　临时码头位置应选在河流两岸比较开阔，河床比较稳定，水流顺直，地质较好的河段，两岸引道应保持坚固稳定。

3.1.9.3　栈桥、临时码头应符合以下要求：

(1)栈桥、临时码头应配备相应的安全防护设施。码头的附属设备，如跳板、支撑、船环、柱桩等应牢固可靠。

(2)栈桥桥面不得堆放杂物、机具等，不得影响通行，严禁堆放易燃易爆物品。

(3)栈桥桥面边缘处应设置安全防护栏杆。桥面宜采用槽钢或压型钢板，若桥面采用光面钢板须设置防滑条等防滑措施。

(4)应加强对栈桥、临时码头的日常检查与维护。

3.1.9.4　栈桥、码头按相关消防设计规范和应急救援的有关规定设置消防器材和救生设施，栈桥两侧每隔25m应分别配置1只救生圈，救生圈应方便取用。

3.1.9.5　通过栈桥的电线、电缆应绝缘良好，并通过绝缘子或橡胶套管固定在栈桥的一侧，栈桥应使用密闭照明灯具。

3.1.9.6　栈桥、码头的入口处应设置限重、限速等安全警示标牌。

3.2　临时用电

3.2.1　一般规定

3.2.1.1　施工现场临时用电设备在5台以上或设备总容量在50kW及以上者，项目经理部应编制临时用电施工组织设计，由电气工程技术人员组织编制，报总监审批后实施。

3.2.1.2　现场临时用电设备在5台以下或设备总容量在50kW及以下者，项目经理部应编制安全用电措施和电气防火措施，并履行审批手续。

3.2.1.3　施工现场临时用电工程专用的电源中性点直接接地的220/380V三相四

线制低压电力系统,必须采用TN-S接零保护系统,做到“三级配电、二级保护”。

3.2.1.4 临时用电工程须经编制、审核、批准部门和使用单位共同验收,合格后方可投入使用。

3.2.1.5 电工作业人员必须经过安全培训和技术考核,持证上岗。安装、巡检、维修或拆除临时用电设备、设施,必须由电工完成,并应有专人监护。项目经理部须为电工作业人员配备符合国家标准的电工作业安全防护用品,电工作业人员在作业时应正确佩戴劳动防护用品,使用专用电工工具。

3.2.1.6 电工作业人员应参与临时用电工程的验收,定期对配电线路及设备进行检查和维护,并对存在的用电安全隐患及时排除或上报。做好日常用电安全巡查工作,记录和整理相关的用电管理资料。

3.2.1.7 项目经理部应按规定对临时用电情况定期检查,定期检查应按分部、分项工程进行,检查时应复查接地电阻值和绝缘电阻值。

3.2.1.8 项目经理部应按规定建立完整的临时用电安全技术档案,包括临时用电组织设计、临时用电技术交底、用电检查、维护保养、电气设备调试、参数测定、安装维修及拆除等,档案由主管电工和专职安全员负责建立,安全管理人员负责存档。

3.2.1.9 临时用电设施应在醒目位置设置“禁止攀爬”、“小心触电、请勿靠近”等禁止、警告标志牌。

3.2.1.10 现场临时用电工程的安装、验收、检查维修、拆除等必须符合《施工现场临时用电安全技术规范》(JGJ 46—2005)的相关要求。

3.2.2 配电设施

3.2.2.1 变压器应符合下列要求:

(1)变压器应设置安全防护屏障或网栅围栏,屏障宜采用砖墙,高度不低于2.5m。

(2)室内变压器的外廓与变压器室墙壁、门的净距离分别不小于0.6m和0.8m,并留有足够空间的检修通道。

(3)变压器台座应高于室外地面0.6m,并设置集中沟、挡油墙。

3.2.2.2 自备发电机组应符合下列要求:

(1)发电机房宜采用砖混砌筑或阻燃板材搭建,大门向外开启,排烟管道须伸出室外。发电机房内不得堆放杂物,严禁存放储油桶,并采取漏油收集措施。

(2)发电机电源须与外电线路电源联锁,严禁并列运行,还应设短路保护、过载保护及低压保护装置。

3.2.2.3 配电室应符合下列要求:

(1)配电室应设在地势较高和干燥的地方,避免有腐蚀性气体和强烈震动以及粉尘较多的场所。配电室耐火等级不低于3级。

(2)配电室建设应采用砖混结构,室内须设置配电柜布线地沟,周边须设置不小于0.3m×0.3m的排水沟,并保持排水通畅。门窗应采用坚固的铁质材料,做到自然通风。顶部采用防火、防雨板材,设置保温层或隔热层,坡度不小于5%。配电房与变压器的水平安全距离应在3m以上。

(3)配电柜正面的操作通道宽度,单列布置或双列背对背布置不小于1.5m,双列面对面布置不小于2.0m;配电柜后面的维护通道宽度,单列布置或双列面对面布置不小于0.8m,双列背对背布置不小于1.5m,个别地点有建筑物结构凸出的地方,通道宽度可减少0.2m;配电柜侧面的维护通道宽度不小于1.0m。

(4)配电室内的裸母线与地面垂直距离小于2.5m时,应采用遮栏隔离,遮栏下面通道的高度不小于1.9m。配电室围栏上端与其正上方带电部分的净距离不小于75.0mm。配电室的顶棚与地面的距离不低于3.0m,配电装置的上端距棚顶不小于0.5m。

(5)配电柜和控制柜应做好接地保护。

3.2.3 外电线路及电气设备防护

3.2.3.1 项目经理部不得在外电架空线路正下方搭设临时用房、堆放材料和机具等。

3.2.3.2 起重机严禁越过无防护设施的外电架空线路作业,上、下脚手架的斜道不宜设在高压线路的一侧。在建工程(含脚手架)周边与外电架空线路边线之间、施工现场的机动车道与架空线路交叉时、起重机与架空线路边线之间、防护设施与外电线路之间的最小安全距离必须符合表3-1~表3-4的规定。

工程周边与架空线路的边线之间的最小安全距离 表3-1

外电线路电压等级(kV)	<1	1~10	35~110	220	330~500
最小安全操作距离(m)	4.0	6.0	8.0	10.0	15.0

施工现场的机动车道与架空线路交叉时的最小垂直距离 表3-2

外电线路电压等级(kV)	<1	1~10	35
最小垂直距离(m)	6.0	7.0	7.0

起重机与架空线路边线的最小安全距离 表3-3

安全距离(m) \ 电压(kV)	<1	10	35	110	220	330	500
沿垂直方向	1.5	3.0	4.0	5.0	6.0	7.0	8.5
沿水平方向	1.5	2.0	3.5	4.0	6.0	7.0	8.5

防护设施与外电线路之间的最小安全距离 表3-4

外电线路电压等级(kV)	≤10	35	110	220	330	500
最小安全距离(m)	1.7	2.0	2.5	4.0	5.0	6.0

3.2.3.3 现场开挖沟槽的边缘与埋地外电缆沟槽边缘之间的距离不得小于0.5m。

3.2.3.4 达不到所规定的安全距离时,必须采取绝缘隔离防护措施,防护设施顶面必须采用木、竹或其他绝缘材料搭设,宽度应超过架空线路两侧各0.75m左右,长度应超过横跨道路两侧各1.0m,并悬挂昼夜醒目的“高压危险”等警告标志。

3.2.3.5　防护设施与外电线路的安全距离无法实现时，必须与电力等部门协商，采取停电、迁移外电线路或改变工程位置等措施。

3.2.4　配电线路

3.2.4.1　架空线路应符合下列要求：

(1)架空线须采用绝缘导线或电缆线，并应架设在专用电杆上，线杆宜采用混凝土杆或木杆，其长度不小于8.0m。电杆埋设不得有倾斜、下沉及杆基积水现象，埋设深度为杆长的1/10+0.6m，装设变压器的电线杆的埋深不小于2.0m。

(2)架空线路须固定在针式绝缘子或蝶式绝缘子上，电线与横担的距离不少于50.0mm。架空线路绑线材质与导线相同，直径不小于2.0mm，绑扎长度不小于0.15m。

(3)拉线宜用截面不小于25mm^{2}的钢绞线，拉线与电杆的夹角应在30°~45°之间，拉线埋设深度不得小于1.0m，拉线从导线之间穿过时应装设拉线绝缘子。因受地形环境限制不能装设拉线时，可采用撑杆代替拉线。撑杆埋深不得小于0.8m，其底部应垫底盘或石块，撑杆与主杆的夹角为30°。

(4)架空线导线截面的选择应满足下列要求：导线中的负荷电流不大于其允许载流量；线路末端电压偏移不大于额定电压的5%；单相线路的零线截面与相线截面相同，为满足机械强度要求，绝缘铝线截面不小于16mm^2，绝缘铜线截面不小于10mm^2；跨越铁路、公路、河流、电力线路挡距内的架空绝缘铝线最小截面不小于35mm^2，绝缘铜线截面不小于16mm^2。

(5)在一个挡距内每一层架空线的接头数不得超过该层导线数的50%，且一根导线只允许有一个接头。线路在跨越铁路、公路、河流、电力线路挡距不得有接头。导线接头采用压接或焊接，接头长度为导线直径的7~15倍。线路安装时，先安装用电设备侧，再安装电源侧；拆除时则反之。

(6)架空线路的挡距不得大于35.0m，线间距不得小于0.3m。

(7)架空线路与邻近线路或设施的距离应符合表3-5规定的要求。

架空线路与邻近线路或设施的距离　　表3-5

<table>
<tr><td>项　目</td><td colspan="7">邻近线路或设施类别</td></tr>
<tr><td>最小净空距离(m)</td><td colspan="2">过引线、接下线与邻线
0.13</td><td colspan="3">架空线与拉线电杆外缘
0.05</td><td colspan="2">树梢摆动最大时
0.50</td></tr>
<tr><td rowspan="3">最小垂直距离(m)</td><td rowspan="2">同杆架设下方的广播、通信线路</td><td colspan="3">最大弧垂与地面</td><td rowspan="2">最大弧垂与建设工程顶端</td><td colspan="2">与邻近线路交叉</td></tr>
<tr><td>施工现场</td><td>机动车道</td><td>铁路轨道</td><td>1kV以下</td><td>1~10kV</td></tr>
<tr><td>1.0</td><td>4.0</td><td>6.0</td><td>7.5</td><td>2.5</td><td>1.2</td><td>2.5</td></tr>
<tr><td rowspan="2">最小水平距离(m)</td><td colspan="2">电杆至路基边缘</td><td colspan="3">电杆至铁路轨道边缘</td><td colspan="2">边线与建筑物凸出部分</td></tr>
<tr><td colspan="2">1.0</td><td colspan="3">杆高(m)+3.0</td><td colspan="2">1.0</td></tr>
</table>

3.2.4.2　电缆线路应符合下列要求：

(1)三相四线制配电电缆线路须采用五芯线缆，五芯线缆中包含淡蓝、绿/黄二种颜色绝缘芯线,淡蓝色芯线须用作 N 线,绿/黄双色芯线须用作 PE 线,严禁混用。

(2)电缆线路应采用埋地或架空敷设,严禁沿地面明设。

(3)电缆直接埋地敷设的深度不应小于 0.7m,在电缆周边均匀敷设不少于 50.0mm 厚的细砂,并覆盖砖或混凝土板等硬质保护层,保护层应超过电缆两侧各 50mm。埋地电缆在穿越建筑物、构筑物、道路、易受机械损伤、介质腐蚀场所及引出地面从 2.0m 高到地下 0.2m 处,须加设防护套管。防护套管内径不应小于电缆外径的 1.5 倍。在拐弯、接头、终端和进出建筑物等地段,应装设明显的方位标志,直线段上适当增设标桩,桩需露出地面 0.15m。

(4)架空电缆应沿电杆、支架或墙壁敷设,并采用绝缘卡固定,绑扎线须采用绝缘线,固定点间距应保证电缆能承受自重带来的荷载。橡皮电缆的最大弧垂距地不得小于 2.5m。

3.2.4.3 室内配线应符合下列要求:

(1)进户线的室外端应采用绝缘子固定,过墙应穿管保护,距地面不得小于 2.5m,并应采取防雨措施。

(2)室内须采用绝缘铜导线、塑料夹等敷设,距地面的高度不得小于 2.5m,应尽量减少接头,管内、槽板内不得有接头,接头应放在接线或分线盒内,线路交叉或与管道交叉时,每根导线应穿绝缘管进行防护。

(3)室内配线所用导线截面,应根据用电设备的计算负荷确定,但铜线截面应不小于 $1.5mm^2$。

(4)室外灯具距地面不小于 3.0m,室内灯具不小于 2.4m,插座接线时应符合规范要求。

(5)各种用电设备、灯具的相线经开关控制,不得将相线直接引入灯具。

3.2.5 配电箱及开关箱

3.2.5.1 配电系统应设置配电柜或总配电箱、分配电箱、开关箱,实行三级配电,总配电箱以下可设若干分配电箱,分配电箱以下可设若干开关箱。

3.2.5.2 一级总配电箱可以向二级分配电箱分路,二级分配电箱可以向三级开关箱分路,每一开关箱只能连接 1 台与其控制的用电设备(含插座)。

3.2.5.3 分配电箱应设在用电设备或负荷相对集中的场所,分配电箱与开关箱的距离不得超过 30m,开关箱与其控制的固定用电设备的水平距离不宜超过 3.0m。

3.2.5.4 动力配电箱与照明配电箱宜分别设置,当合置于同一配电箱时,动力与照明应分路配电,配电箱包括总配电箱和分配电箱,动力开关箱与照明开关箱必须分设。

3.2.5.5 配电箱、开关箱应选用专业厂家生产的定型产品,并提交产品合格证,同时满足相关规范要求。固定式配电箱、开关箱中心点与地面的垂直高度应为 1.4 ~ 1.6m,移动式配电箱、开关箱应装设在稳固支架上,其中心点距地面的垂直高度为 0.8 ~ 1.6m。

3.2.5.6 配电箱、开关箱应设置在干燥、通风及常温场所,不受外物撞击和强烈振动,周围无易燃、易爆及有害介质,不得有灌木和杂草。

3.2.5.7 总配电箱和开关箱首、尾两级配电装置中设置漏电保护器,总配电箱中的漏电保护器可设置于总路,也可设置于分路,不必重叠设置。总配电箱中漏电保护器的额定漏电动作电流应大于30.0mA,额定漏电动作时间应大于0.1s,但两者的乘积不应大于30.0mA·s。

3.2.5.8 开关箱中漏电保护器的额定漏电动作电流不应大于30.0mA,额定漏电动作时间不应大于0.1s。当在潮湿或有腐蚀介质的场所,其额定漏电动作电流不应大于15mA,额定漏电动作时间不应大于0.1s。

3.2.5.9 漏电保护器每天使用前,应启动漏电试验按钮试跳一次,正常后方可使用。

3.2.5.10 配电箱、开关箱的电源进线端严禁采用插头和插座做活动连接。

3.2.5.11 配电箱、开关箱的箱门外侧应标明编号、名称、用途;箱门内侧标明分路标记及系统接线图;箱门应配锁,并由专人负责。

3.2.6 接地与防雷

3.2.6.1 施工现场专用变压器供电的TN-S系统中,PE线应由工作接地线、配电室(总配电箱)电源侧零线或总漏电保护器(RCD)电源侧零线引出。

3.2.6.2 与外电线路共用变压器三相四线供电时,电气设备的接地、接零保护应与原系统保持一致,PE线必须由电源进线零线重复接地处或总漏电保护器电源侧零线处,引出形成局部TN-S接零保护系统。

3.2.6.3 在TN接零保护系统中,PE线应单独敷设,PE线重复接地不少于三处,在配电系统的首端、中间、末端处必须重复接地,每处重复接地电阻值不应大于10.0Ω。

3.2.6.4 PE线上严禁装设开关或熔断器,严禁通过工作电流,严禁断线。PE线应与相线的材质相同,其最小截面应符合规范规定。

3.2.6.5 不得采用铝导体做接地体或地下接地线,垂直接地体宜采用角钢、钢管或光面圆钢,角钢板厚不小于4.0mm,钢管壁厚不小于3.5mm,圆钢直径不小于4.0mm,不得采用螺纹钢。

3.2.6.6 施工现场的防雷装置设计主要包括:选择和确定防雷装置的位置、形式、接地方式和接地电阻值。

3.2.6.7 施工现场内的起重机、井字架、龙门架等机械设备以及钢脚手架和正在施工的在建工程等金属结构,应安装防雷装置。项目经理部应对防雷设施组织验收,并定期检查及维护。

3.2.6.8 机械设备上的避雷针(接闪器)长度应为1.0~2.0m,塔式起重机可不另设避雷针(接闪器)。自制避雷针宜采用圆钢或焊接钢管制成,圆钢直径不应小于16.0mm,钢管直径不应小于25.0mm。

3.2.6.9 施工现场内所有防雷装置的冲击接地电阻值不得大于30Ω。

3.2.6.10 防雷接地机械上的电气设备,所连接的PE线必须同时做重复接地,同一台机械电气设备的重复接地和机械的防雷接地可共用同一接地体,但接地电阻应符合重复接地电阻值的要求。

3.2.7 照明

3.2.7.1 现场照明应采用高光效、长寿命的照明光源。对需大面积照明的场所,应采用高压汞灯、高压钠灯或混合用的卤钨灯等。

3.2.7.2 潮湿或特别潮湿场所,选用密闭型防水照明器。有爆炸和火灾危险的场所,选用防爆型照明器。

3.2.7.3 施工照明供电电压应符合下列要求:

(1)一般场所应为220V。

(2)行灯电压不得大于36V。

(3)高温、有导电粉尘、狭窄场所以及隧道作业地段,不得大于36V。

(4)潮湿和易触及照明线路场所,不得大于24V。

(5)特别潮湿场所、导电良好的地面、锅炉或金属容器内,不得大于12V。

3.2.7.4 对夜间影响飞机或车辆通行的在建工程及机械设备,必须设置红色信号灯。

3.2.8 电动机械和手持式电动工具

3.2.8.1 选购的电动机械、手持式电动工具及其用电安全装置符合相应的国家现行有关强制性标准的规定,且具有产品合格证和使用说明书;应建立和执行专人专机负责制,并定期检查和维修保养。

3.2.8.2 电动机械接地、漏电保护应符合《施工现场临时用电安全技术规范》(JGJ 46—2005)的相关要求。塔式起重机、外用电梯、滑升模板的金属操作平台及需要设置避雷装置的物料提升机,除应连接PE线外,还应做重复接地。设备的金属结构构件之间应保证电气连接。

3.2.8.3 每一台电动机械或手持式电动工具的开关箱内,除应装设过载、短路、漏电保护电器外,还应按要求装设隔离开关或具有可见分断点的断路器,以及按照规范装设控制装置。正、反向运转控制装置中的控制电器应采用接触器、继电器等自动控制电器,不得采用手动双向转换开关作为控制电器。

3.2.8.4 手持式电动工具安全要点:

(1)手持式电动工具分为Ⅰ类、Ⅱ类、Ⅲ类。空气湿度小于75%的一般场所可选用Ⅰ类或Ⅱ类手持式电动工具,但其金属外壳与PE线的连接点不少于两处,除Ⅱ类塑料外壳工具外,相关开关箱中漏电保护器的额定漏电动作电流不应大于15mA,额定漏电动作时间不应大于0.1s,导电触头和保护触头不得混用。

(2)在潮湿场所或金属构架上操作时,严禁使用Ⅰ类电动工具,须用Ⅱ类或Ⅲ类电动工具,金属外壳Ⅱ类电动工具使用时,其开关箱和控制箱应设在作业场所外面。

(3)地沟、管道内等狭窄场所必须选用Ⅲ类手持式电动工具,其开关箱和安全隔离变压器应设置在场外，操作过程有人在外监护。

(4)手持式电动工具的负荷线应采用耐气候型号橡皮护套铜芯软电缆，并不得有接头，手持式电动工具的PE线应为截面不小于1.5mm^2的绝缘多股铜线。

(5)使用手持式电动工具前，必须进行绝缘检查和空载检查，正确佩戴个体防护用品，检查合格后方可使用。

3.3 特种设备

3.3.1 一般规定

3.3.1.1 特种设备包括：起重机械、压力容器、电梯等。特种设备作业人员须持有特种作业操作证。

3.3.1.2 作业前，应对作业人员进行安全技术交底。

3.3.1.3 安装、拆卸龙门吊、塔吊、架桥机等起重机械应编制安装和拆除安全专项方案，报总监审批。总监办应派员旁站特种设备的拆装过程。

3.3.1.4 特种设备的安全操作规程应悬挂于设备操作室或主要工作场所。

3.3.1.5 设备检修现场的坑、沟、陡坡等应填平或铺设与地面平齐的盖板，必要时设置围栏、警告标志及红色警示灯。

3.3.1.6 高处检修作业，应设安全通道、梯子、支架、吊台或吊架。夜间检修的作业场所，应有足够亮度的照明灯具。

3.3.1.7 塔式、门式起重机及架桥机等需要设置避雷设施时，应按有关规定安装、检查及验收。

3.3.1.8 遇到6级以上大风时，不得进行起重吊装作业。

3.3.2 起重机械

3.3.2.1 在起重、吊装、垂直运输中，应保证起重设备、设施的完好性，达到规定的安全技术要求，保险、限位、限重等安全设施和装置应定期检查维护。

3.3.2.2 各类起重机应装有清晰的喇叭、电铃或汽笛等信号装置；启动前，必须鸣铃或示警。在起重臂、吊钩、平衡重等转动体上应标以鲜明的色彩标志。

3.3.2.3 龙门吊等在轨道上运行的起重设备应设夹轨器、锚定装置等防风防爬装置。

3.3.2.4 起重机的吊钩、吊环严禁补焊，当出现表面有裂纹、破口、危险断面及钩颈有永久变形、挂绳处断面磨损超过高度10%、心轴磨损超过规定等不同情况时应予以更换。

3.3.2.5 起重机起吊荷载达到起重额定起重量的90%及以上时，应先将重物调离支撑面20.0～50.0mm后，检查起重机的稳定性、制动器的可靠性等，确认安全后方可操作。

3.3.2.6 作业过程中突然出现设备故障时，应立即采取措施将重物降落到安全位置,并关闭发动机或切断电源后进行检修。在遇到突然停电时,应立即把所有控制器拨到零位,断开电源总开关。

3.3.2.7 应定期对设备进行检查维护。作业前,操作人员应检查各类安全装置、制动器、操纵控制装置、紧急报警装置等。每月应由专业机务人员对安全装置、制动器、离合器的可靠性和精度、重要零部件的状态、电气及液压系统的工作性能、动力系统和控制器等进行检查。

3.3.2.8 作业前应检查清理作业场地,确定搬运路线,清除障碍物。起重机与其他设备或固定建筑物的最小距离应在0.5m以上。

3.3.2.9 作业过程中,严格按指挥信号操作,指挥者和司索工应密切注意观察吊物及周围情况,如发现问题,及时发出指挥信号。对紧急停车信号,无论何人发出,都必须执行。

3.3.2.10 起吊物不得从人头顶上通过,吊物和起重臂下严禁站人。

3.3.2.11 起重机各部位、吊载及辅助用具与外电线路必须满足安全距离要求。

3.3.2.12 作业中遇到停电或其他特殊情况时,应将重物落到地面,不得悬在空中。

3.3.2.13 流动式起重机安全要点:

(1)流动式起重机行驶和作业场地应平坦坚实,与沟渠、基坑保持一定的安全距离。

(2)汽车起重机作业前,应全部伸出支腿,在撑脚下垫方木,回转支承面应保持水平。

(3)汽车起重机起吊时,驾驶室内不得有人,吊物不得超越驾驶室上方,且不得在车的前方起吊。

(4)起吊重物达到额定起重量的50%及以上时,应使用低速挡。起吊重物达到额定起重量的90%及以上时,严禁同时进行两种及以上的操作动作。

(5)两台起重机吊运同一重物时,应选用起重性能相似的起重机。吊运过程中应统一指挥,动作协调,保持钢丝绳垂直,同步运行。

(6)作业中出现支腿沉陷、起重机倾斜等情况时,必须立即放下吊物,经调整并消除不安全因素后方可继续作业。

(7)轮胎式起重机短距离带荷行走时,道路应平坦坚实,荷载必须符合使用说明书规定,吊物离地高度不得超过0.5m,并应拴好拉绳,缓慢行驶。

3.3.2.14 塔式起重机安全要点:

(1)塔式起重机(图3-7)应按照安全专项方案的要求进行安装、顶升及拆除。

图3-7 塔式起重机图例

(2)送电前,各控制器手柄应在零位。接通电源确认无漏电后,作业人员方可上机。起吊前进行空载运转,确认一切正常后方可作业。

(3)提升重物作水平移动时,应高出其跨越的障碍物0.5m以上。

(4)当同一施工地点有两台以上塔吊时,应保持两机之间任意接近部位(包括吊重物)空间距离不得小于2.0m。

(5)作业中,当停电或电压下降时,应立即将控制器扳到零位,切断电源。

(6)塔吊停机时,应将每个控制器拨回到零位,依次断开各开关,关闭操纵室门窗。行走式塔吊应断开电源总开关,打开高空指示灯。

(7)检修人员上下塔身、起重臂、平衡臂等高空部位检查或修理时,必须戴安全帽、系安全带。

(8)每月或连续大雨后,应对塔吊混凝土基础进行全面检查。

3.3.2.15　门式起重机安全要点:

(1)门式起重机(图3-8)应按照安全专项方案的要求进行安装、拆除。

(2)门式起重机应设有电缆卷筒,配电箱应设置在轨道中部。操作室内应垫木板或绝缘板。上、下操纵室应使用专用扶梯。

(3)作业前应进行空载运转,确认运转正常、制动可靠、开关灵敏后,方可操作。

(4)门式起重机空车行走时,吊钩应离地面2.0m以上。两台同时作业时,相互间应保持3.0~5.0m距离。严禁用一台起重机顶推另一台起重机。

(5)操作人员必须在确认走台或轨道上无人时,才可以闭合主电源。当电源断路器上加锁或有告示牌时,应由原有关人员除掉后方可闭合主电源。

(6)吊装作业停止后,应将起重机停放在停机线上,用夹轨器锁紧,将吊钩升到上部位置,并将控制器拨到零位,切断电源,并闭门窗。

3.3.2.16　架桥机安全要点:

(1)架桥机(图3-9)应按照安全专项方案的要求进行安装、拆除。

图3-8　门式起重机图例

图3-9　架桥机图例

(2)拼装后必须进行试吊,试吊时,先将梁板吊离支承面20.0~30.0mm后暂停,对各主要受力部位进行检查,经确认受力良好后方可起吊。

(3)安装桥梁有上、下纵坡时,架桥机纵向移位要有防止滑行措施。

(4)架桥机工作前,应调整前、中和后支腿高度,使架桥机主梁纵向保持水平,各支腿横向运行轨道要求水平,并严格控制间距,三条轨道必须平行。

(5)架桥机纵向就位须严格控制位置尺寸,纵向移动应一次到位,不允许中途停顿。过跨纵移时应注意平衡,防止倾覆。

(6)架桥机天车携带混凝土梁纵向运行时,前支腿部位要求用手拉葫芦(5t)与横移轨道拉紧固定。

(7)架桥机作业时必须分工明确,听从指挥,确认梁(板)完全放稳固定后方可拆除吊具。

(8)斜交桥梁(板)安装时,应根据桥梁结构制订具体的安装方案。

(9)作业时应加强安全检查,如发现问题,应停止工作,并及时处理后才能继续作业。每安装完一孔,须对架桥机进行全面检查。

(10)在架桥机纵移或横移轨道两端,必须设置挡铁,以保证架桥机的移位安全。

3.3.3　压力容器

3.3.3.1　压力容器包括:氧气瓶和乙炔气瓶。

3.3.3.2　压力容器安全要点:

(1)氧气瓶及乙炔瓶应符合条码管理的有关规定,项目经理部应到取得充装许可的单位采购。

(2)乙炔瓶在运输、储存、使用时,禁止敲击、碰撞,应立放,不能卧放,不得靠近热源和电气设备。

(3)使用乙炔瓶的现场,储存量不超过5瓶。超过5瓶,但不超过20瓶时,应在现场设单独的储存间。超过20瓶,应设置乙炔瓶库。储存间应有良好的通风、降温等设施,避免阳光直射,与明火或散发火花地点的距离不小于10.0m。

(4)乙炔瓶必须装设专用的减压器、回火防止器。开启时,操作者应站在阀口的侧后,动作要轻缓。

(5)氧气瓶在储运和使用过程中,应采取措施,避免剧烈振动和撞击。

(6)开启氧气瓶阀时,应缓慢拧开,以防止因高压氧流作用而引起静电火花。

(7)氧气瓶、氧气表及焊割工具的表面,严禁沾染油脂。氧气瓶应设有防振胶圈,并旋紧安全帽。

(8)氧气表及乙炔气表应保持完好,损坏后及时更换。氧气瓶与乙炔瓶应分开放置。作业时乙炔瓶、氧气瓶安全距离不小于5.0m,与明火作业点的距离不小于10.0m。

(9)氧气胶管与乙炔胶管不得相互混用,所有的胶管必须符合国家标准要求。氧气胶管为红色,乙炔胶管为黑色。

(10)夏季使用气瓶时,应采取遮阳等有效措施防止暴晒。

(11)项目经理部应建立气瓶使用台账。

3.3.4　施工电梯

3.3.4.1　施工电梯安装与拆除应编制安全专项方案,报总监审批。

3.3.4.2　施工电梯安装与拆除须由相应资质的专业队伍承担。电梯安装完毕后,项目经理部应组织有关人员进行验收,经质量技术监督部门检测合格后方可使用。检测合格标志应置于轿厢内明显位置。

3.3.4.3　施工电梯的日常检查维护应委托有资质的单位进行。施工电梯须由经考核取证后的专职电梯司机操作。

3.3.4.4　各停靠层的过桥和运输通道应平整牢固,出入口护栏应安全可靠。

3.3.4.5　电梯四周5.0m内不得有易燃易爆及其他杂物,不得在此范围内挖坑、沟、槽,电梯出入口应设防护棚。严禁在电梯井架、支撑上设置缆绳、标语等。

3.3.4.6　同一施工现场的各种起重机与电梯保持5.0m以上安全距离,并有可靠的防撞措施。

3.3.4.7　安全要点

(1)电梯每班首次运行,应空载及满载试运行,将梯笼升离地面1.0m左右停车,检查制动器灵敏性,确认正常后方可投入运行。每次起动前应鸣警示意。

(2)电梯内荷载应均匀分布,严禁超载和人货混装。运送物料不得伸出护网。

(3)电梯应至少每15d进行一次清洁、润滑、调整和检查。暴风雨后,应对电梯各有关安全装置进行全面检查,确保安全可靠,严禁带故障运行。

(4)停运后,电梯应降至底层,各控制开关扳至零位,切断电源,锁好闸箱和电梯门。

(5)在大雾、雷雨、6级以上大风及导轨架、电缆结冰时,必须停止运行。

3.4　安全防护

3.4.1　一般规定

3.4.1.1　项目经理部必须做好施工现场的安全防护工作,对起重、钢筋、模板、支架、脚手架、焊接等作业中的主要危险点,对高空、临边、洞口、水上、水下、拆除等工程危险作业场所及边通车边施工、边通航边施工等施工危险区域应当设置符合相关要求的安全防护设施。

3.4.1.2　项目经理部应当按照劳动防护用品选用规则和国家颁发的劳动防护用品配备标准以及有关规定,为从业人员配备劳动防护用品。

3.4.1.3　安全防护设施应当按照安全投入计划和施工实际情况,实行超前管理。项目经理部必须在防护设施设置到位后,方可进行相应的施工和操作。

3.4.1.4　因作业要求,临时拆除或变动安全防护设施时,必须经施工负责人同意,并采取相应的可靠措施,作业后应立即恢复。

3.4.1.5　项目部应加强对安全防护设施的巡查和维护。对检查中发现已损坏或缺失的防护设施必须及时更新和完善,危及人身安全时,必须立即停止作业。

3.4.1.6　施工现场需设置警戒区时,警戒区距作业区须保持安全距离。警戒区应采用移动式防护栏杆、拉警戒带等方式,并设置警示警告标志。

3.4.2　个人劳动防护

3.4.2.1　个人劳动防护用品基本要求:

(1)个人劳动防护用品是指施工作业人员和有关人员使用的安全帽、安全带、救生衣以及安全(绝缘)鞋、防护眼镜、防护手套、防尘(毒)口罩等个人劳动保护用品。

(2)项目经理部采购劳动保护用品时,应查验生产厂家或供货商的生产(制造)许可证、产品合格证和销售许可证。对特种劳动防护用品还应查验其安全标志标识,如图3-10所示。

图3-10 安全标志标识

(3)从事水下、爆破等作业,项目经理部应对其涉及的劳动防护用品进行检查,发现不符合要求的防护用品必须立即更换。

3.4.2.2 个人劳动防护用品配备

(1)凡是从事多种作业或在多种施工环境中作业的人员,应按其主要作业工种和施工环境配备劳动防护用品。个人劳动防护用品基本配备标准见表3-6。

个人劳动防护用品基本配备一览表 表3-6

序号	名称 主要工种	工作服	工作帽	工作鞋	防护手套	防寒服	雨衣	胶鞋	眼护具	防尘口罩	防毒护具	安全帽	安全带	护听器
1	管理人员	✓		fz	✓							✓		
2	电　工	✓	✓	fz,jy	jy	✓	✓					✓	✓	
3	电焊工	zr	zr	fz	✓	✓			hj			✓	✓	
4	开挖钻工	✓	✓	fz	✓	✓	✓	jf	cj	✓		✓	✓	✓
5	木　工	✓	✓	fz,cc	✓	✓	✓	✓	cj	✓		✓	✓	
6	钢筋工	✓	✓	fz,cc	✓	✓	✓	✓	cj	✓		✓	✓	
7	起重人员	✓	✓	fz	✓	✓	✓	jf				✓	✓	
8	架子工	✓	✓	fz	✓	✓	✓	✓				✓	✓	
9	沥青作业	✓	✓	fz	fs	✓	✓	jf	fy		✓	✓		
10	试验员	✓	✓	✓	sj									
11	汽车驾驶员	✓	✓	✓	✓	✓	✓	✓	zw			✓		
12	设备维修工	✓	✓	fz	ny	✓	✓	✓	fy			✓	✓	
13	船舶水手	✓	✓	fz	✓	✓	✓	jf	zw			✓		
14	机械操作工	✓	✓	fz	ny	✓	✓	jf		✓		✓		
15	预制作业人员	✓	✓	fz	✓	✓		jf	fy	✓		✓		✓

注:1. 名称空格中有"✓"或含"防护性能字母"的表示该种类劳动防护用品应当配备。

2. fz-防砸(1~5级);jf-胶面防砸;cj-防冲击;cc-防刺穿;fy-防异物;fs-防水;zw-防紫外;jy-绝缘;ny-耐油;sj-耐酸碱;hj-焊接护目;zr-阻燃耐高温

(2)不同作业场所个人防护用品使用要求:

①在有粉尘的施工作业场所,项目部应按要求为作业人员配备符合相关标准的防尘口罩,纱布口罩不得当作防尘口罩使用。

②高处或高空作业人员应根据不同的作业条件合理选用相应种类的安全带,作业前必须戴好安全帽,穿好防滑鞋,佩带安全带。

③混凝土工在进行振捣作业时,应佩带防噪声耳塞,在进行混凝土凿毛等作业时,应佩戴防尘口罩。

④沥青作业人员在进行沥青混凝土搅拌和摊铺作业时,应穿戴棉质工作服、帆布长手套、防尘口罩、护目镜和帆布鞋盖等。

⑤隧道钻爆作业人员进洞钻孔和清渣时,必须戴防尘口罩。在富含有害气体和瓦斯隧道或深井作业时,应为作业人员配备自给式空气呼吸器或长管面具。

⑥接触危险化学品、民爆物品人员,或在瓦斯隧道作业的人员,必须穿防静电工作服、防静电鞋和防静电手套。

⑦进入水上施工作业的人员,必须按规定穿戴救生衣。

⑧对眼部可能受铁屑等杂物飞溅伤害的工种,使用普通玻璃镜片受冲击后易碎,会引起佩戴者眼睛间接受伤,必须佩戴防冲击眼镜。

⑨电工作业时必须戴绝缘手套,穿绝缘鞋。

(3)个人劳动防护用品如图3-11~图3-13所示。

图3-11 作业人员基本劳动防护用品示例

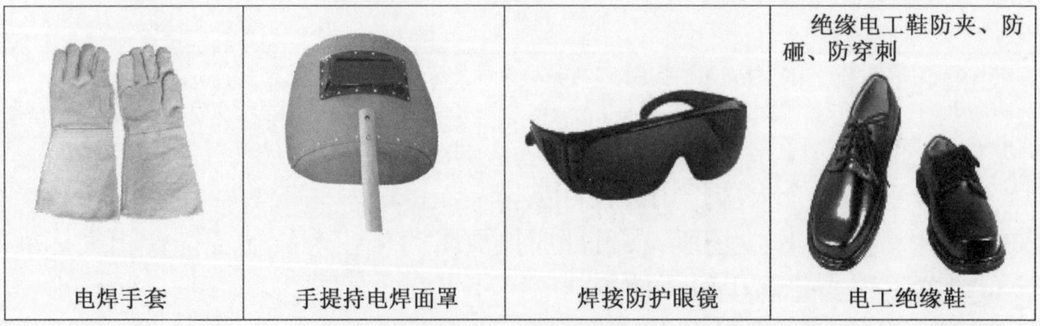

图3-12 特种作业人员劳动防护用品示例

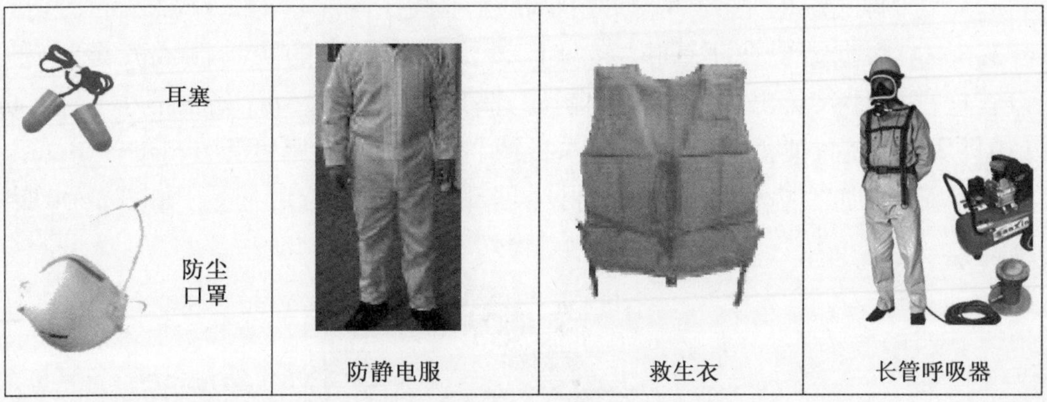

图 3-13 特种作业环境劳动防护用品示例

(4)安全帽相关要求：

①现场管理机构、总监办、项目经理部应对安全帽进行编号，编号采用黑体字，字号宜为 30 号；安全帽上应标注相应单位名称，字体为黑体，字号宜为 50 号。

②现场管理机构的工作人员应佩戴红色安全帽，总监办的监理人员应佩戴白色安全帽。项目经理部管理人员应佩戴红色安全帽，安全员及特种作业人员应佩戴黄色安全帽，其他作业人员应佩戴蓝色安全帽。

3.4.2.3 安全帽、安全带的佩戴要点：

(1)现场人员须正确佩戴安全帽，系牢下颚带，松紧应适度。

(2)应定期检查安全帽有无龟裂、下凹、裂痕和磨损等，发现有损伤情况应立即更换。任何受过重击、有裂痕的安全帽，不论有无损坏现象，均应报废。

(3)高处作业应正确佩戴安全带，安全带应高挂低用，挂钩点应牢固可靠。

(4)安全带使用前应检查安全带缝制部分和挂钩部分以及绳带有无变质、卡环有无裂纹、卡簧弹跳性是否良好。

3.4.3 人员通道

3.4.3.1 项目经理部在编制施工组织设计或安全专项方案时，应考虑施工所需要的人员通道，为施工人员创造安全作业的条件。

3.4.3.2 人员通道是指单独设置的仅供人员通行的水平和上下通道，附着于施工脚手架的人行并兼作材料运输的斜道设置应符合《建筑施工扣件式钢管脚手架安全技术规范》(JGJ 130—2011)相关要求。

3.4.3.3 水平通道应采用型钢制作，并固定牢靠，宽度不小于 1m，满铺厚度不小于 5cm 的脚手板，脚手板绑扎牢固，临边应设置防护栏杆、挡脚板、密目式安全网。

3.4.3.4 上下通道应为钢质，宽度不小于 0.9m，坡度不应大于 1∶1。高度在 6.0m 以下时，可采用一字形梯道；高度在 6.0m 以上时，应采用之字形梯道或转梯。通道临边应设置防护栏杆、密目式安全网。踏步间距不大于 0.25m，踏步宽度不小于 0.25m，宜采用花纹钢板，应优先选用专业厂家生产的定型产品。

3.4.3.5　梯脚底部应坚实,梯子的上端应有固定措施。

3.4.3.6　应根据需要在爬梯口、转梯口设置人员出入的防护棚或安全通道。安全通道的设置应能保证人员出入的安全和畅通,高度不低于2.5m,宽度不小于1.5m,采用钢管,以扣件固定,上面覆盖严密固定的木板或竹胶板,木板厚度不小于30.0mm。

3.4.3.7　人员通道搭设完成,经项目经理部验收合格方可使用,如图3-14所示。

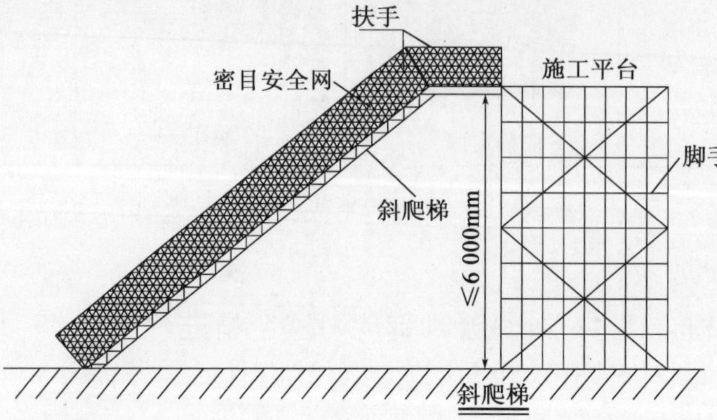

图3-14　斜爬梯示意图

3.4.3.8　严禁在非正规通道登高或跨越。

3.4.4　临边、洞口防护

3.4.4.1　临边是指离基准面高差达到2.0m及以上或围护设施的高度低于0.8m的施工场所,如作业平台、人行通道、施工通道、基坑周边等。洞口是指施工现场及通道旁深度在2.0m及2.0m以上桩孔、人孔、沟槽与管道、孔洞等部位。

3.4.4.2　临边防护要求:

(1)临边作业须沿周边设置防护栏杆。临水面的作业区、泥浆池及取土坑周边危险区域也必须设置防护栏杆。

(2)防护栏杆下方有人员通行或作业时,应在防护栏杆下边沿设置高度不小于0.18m的挡脚板,并挂密目式安全网。

(3)防护栏杆由上下两道横杆及栏杆柱组成,上横杆上皮高度应为1.2m,下横杆居中设置。栏杆立柱间距应不大于2.0m,当栏杆所处位置有可能发生人员拥挤、车辆冲击或物体碰撞等情况时,应加密栏杆柱距。横杆和挡脚板应搭设在栏杆柱的内侧。所有栏杆应刷红白相间警示漆,红、白漆间距均为0.3m。防护栏杆设置如图3-15所示。

(4)防护栏杆的横杆及柱应采用建筑钢管,以扣件等可靠连接。

(5)基坑四周栏杆柱固定时,应打入地面0.5~0.7m,钢管离边口的距离不小于0.5m;当基坑周边采用板桩时,钢管可打在板桩外侧;栏杆柱在混凝土桥面或墩柱固定时,可与预埋件焊牢。必要时应加设斜撑。泥浆池防护如图3-16所示,基坑防护如图3-17所示。

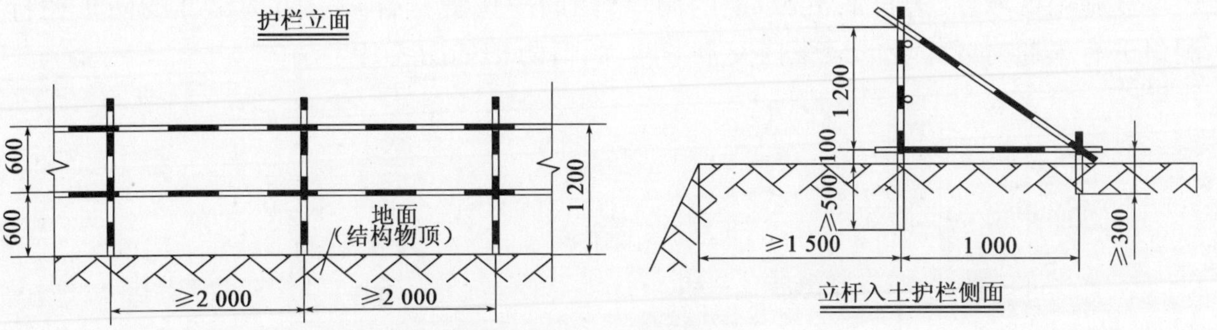

图 3-15　防护栏杆设置图例

图 3-16　泥浆池防护图例

图 3-17　基坑防护图例

3.4.4.3　洞口防护要求：

(1)洞口应设防护栏杆、加盖件、挂安全网、预装栅门等，达到以下要求：

①现场内，边长 0.25 ~ 0.5m 的洞口，安装预制构件时的洞口以及其他洞口，可使用竹、木等作盖板，四周搁置均衡并牢固固定。

②施工场所内，边长 0.5 ~ 1.5m 的洞口，应设置以扣件连接钢管而成的网格，并在其上满铺竹笆或脚手板。钢筋网格间距不得大于 0.2m，如图 3-18 所示。

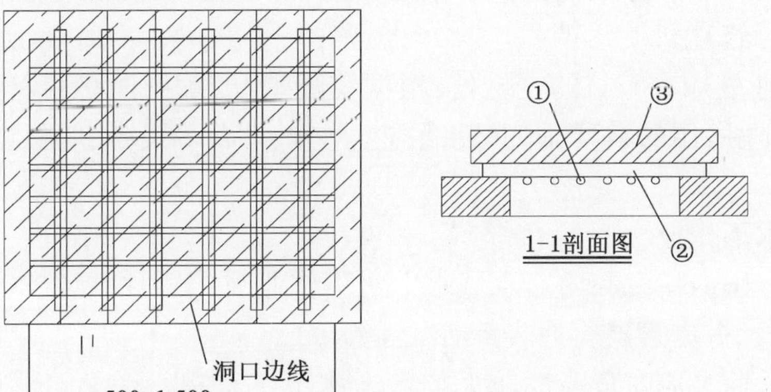

图 3-18　边长 0.5 ~ 1.5m 洞口防护示意图(尺寸单位：mm)

①-钢管；②-扣件；③-竹串片脚手板

③施工区域内,边长1.5m以上的洞口,四周应设置符合临边防护标准的防护栏杆。洞口下有人通行或作业的应张挂安全平网,洞口防护如图3-19所示。

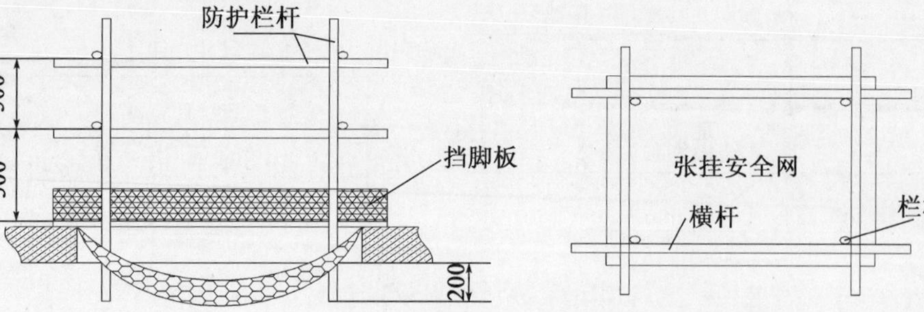

图3-19　边长1.5m以上洞口防护示意图(尺寸单位:mm)

④竖向洞口,凡落地的洞口应加装开关式、工具式或固定式的防护门,门栅网格的间距不应大于0.15m,也可采用防护栏杆,下设挡脚板。

(2)施工现场人行通道、施工通道、车辆行驶等道路附近的各类孔、洞口处,应设置安全标志,夜间应设置红色警示灯。

3.4.5　高处作业

3.4.5.1　凡在坠落基准面2.0m以上有可能坠落的高处进行作业,称为高处作业。

3.4.5.2　高处作业安全要点

(1)项目经理部在编制施工组织设计时,应根据工程特点制订相应的安全技术措施。

(2)施工前应对脚手架、平台、梯子、防护栏杆、挡脚板、安全网等设施逐一检查。作业人员须正确佩戴安全带等防护用品。

(3)高处作业的安全防护设施必须设置到位,安全警示标志设置齐全,任何人都不得毁坏或擅自对安全设施、标志标牌移位和拆除。

(4)雨天、雪天进行高处作业时,须采取可靠的防滑、防寒和防冻措施,及时清除水、冰、雪、霜。遇大雾、6级以上大风等恶劣天气时,不得进行高处作业。

(5)暴风雨后,应对高处作业的安全设施逐一加以检查,发现有松动、变形、损坏或脱落等现象,应及时修复。

(6)悬空作业处应有牢靠的立足处,根据实际情况,配置防护栏杆、防护网或其他安全设施。悬空作业所用的索具、脚手板、吊篮、吊笼、平台等设备,应保证安全可靠。

3.4.6　水上水下作业

3.4.6.1　在国内沿海和内河水域水上水下作业前,必须按规定申请办理《水上水下施工作业许可证》,并办理航行通告等有关手续。

3.4.6.2　总监办应对危险性较大的水上水下工程进行旁站,加强对作业人员和重要设备、设施的检查。

3.4.6.3　水上作业安全要点

(1)项目经理部在施工组织设计中应对水上作业平台专门设计。

(2)施工前应对作业平台进行检查,平台顶部应满铺面板,面板与下部结构连接牢固。顶面的四周应设置防护栏杆、挡脚板及安全网。

(3)参与施工的船舶必须具有海事、船舶检验部门核发的各类有效证书。施工船舶作业人员须持证上岗,并严格执行安全操作技术规程。

(4)施工船舶应按规定配备通信、消防、救生、堵漏设备,其梯口、应急场所等应设有醒目的安全警示标志或标识。

(5)施工船舶应配备有效的通信设备并在指定的频道上守听,主动与过往船舶联系沟通,确保航行和施工安全。

(6)水上作业现场应设置安全警示标志和救生器材,配备通信工具。作业人员必须正确穿戴救生衣。

(7)水上作业遇大风、大浪、大雾时,若超过船舶抗风浪等级或能见度不良时,应停止作业。

3.4.6.4　水下作业安全要点

(1)水下作业人员必须持相应证件上岗作业。水下作业前,项目经理部应对水下作业人员进行安全技术交底。

(2)潜水设备和装置必须配备齐全,并通过有关法定部门检验,使用前应做例行检查。

(3)潜水员使用水下电气设备、装备和水下设施时,应符合现行国家标准的有关规定。潜水作业现场应备有急救箱及相应的急救器具。

(4)潜水作业时,工作船应悬挂信号旗。夜间作业悬挂潜水信号灯,并有足够的照明。

3.5　模板、支架、脚手架

3.5.1　一般规定

3.5.1.1　项目经理部应按规定对作业人员进行安全技术交底,并为相关作业人员配备劳动防护用品。

3.5.1.2　项目经理部安排专人对模板、支架、脚手架安装、拆除过程监督巡查,并完善安全防护设施。

3.5.1.3　支架预压应均匀、对称、分级进行。对危险性较大的支架,项目经理部应设置变形和沉降观测点,加强对预压过程观测,及时消除隐患。

3.5.1.4　搭设在水中的脚手架,应经常检查受水冲刷情况,发现松动、变形或沉陷应及时加固。在水上脚手架上的作业人员应穿救生衣。

3.5.1.5　项目经理部应按方案和相关规范要求对支架、脚手架进行验收,并加强使用过程中的监督和检查。

3.5.2　模板安全要点

3.5.2.1　模板安装、拆除过程中,应设定警戒区,并做好安全警示。

3.5.2.2　模板安装、拆除应按施工方案规定的方法、程序进行,必要时设置临时支撑防止倾覆。

3.5.2.3　模板拆除过程中不得硬撬,防止作业人员失稳坠落。

3.5.2.4　操作人员上下须走人员专用通道,严禁攀爬模板。

3.5.2.5　遇有6级以上大风和雾、雨、雪天时,应停止模板安装与拆除作业。雨、雪后作业应有防滑措施,并及时扫除积雪。

3.5.3　支架安全要点

3.5.3.1　项目经理部应编制支架搭设、拆除安全专项方案。

3.5.3.2　支架承载能力应满足强度、刚度及稳定性要求,需专家论证的方案,应委托具有资质的第三方进行复核验算。

3.5.3.3　监理人员、施工技术人员、安全员应对搭设、预压、混凝土浇筑、拆除进行全过程旁站、监督检查。

3.5.3.4　支架进场后应对钢管、扣件、顶(底)托外观、尺寸等进行检查,严禁使用弯曲、损伤、钻孔等不合格产品。

3.5.3.5　地基承载力应符合要求,四周应设排水沟,防止地基积水。

3.5.3.6　支架搭设、拆除时应划定警戒区域,并按规定设置警戒设施。

3.5.3.7　支架步距、间距、扫地杆、剪刀撑、顶(底)托应满足规范和方案要求,扣件螺栓紧固力矩应达到40~65N·m;碗扣支架上下碗扣应确保紧固。

3.5.3.8　搭设中应设置脚手板,严禁作业人员攀爬支架。

3.5.3.9　项目经理部应对支架组织自检,并报总监办验收,并填写支架(脚手架)验收记录表(附表C中附表C-40)。验收合格后在支架显著位置悬挂验收合格牌。

3.5.3.10　项目经理部应严格按安全专项方案规定的荷载及加载程序进行预压。砂袋预压时应有防雨措施;水袋预压时应采取有效措施防止水袋泄漏。

3.5.3.11　项目经理部应严格按安全专项方案规定的混凝土浇筑顺序进行施工。对于纵横坡较大、曲率半径较小的结构物应从低处往高处浇筑。

3.5.3.12　支架拆除应遵循“先搭后拆、后搭先拆”的原则。拆除作业时,必须由上而下逐层拆除,严禁上下多层交叉作业;拆除过程中凡已松开的杆件、配件应及时拆除运走,避免误扶误靠;支架未拆除部分须保持稳定,必要时加设临时支撑;拆除的杆件、配件不得随意抛掷。

3.5.3.13　跨越公路及航道的门洞支架应专门设计,满足通行要求,并设置限高、限宽、限速、防撞设施及警示标志,夜间应设置警示灯。

3.5.4　脚手架安全要点

3.5.4.1　项目经理部在编制涉及脚手架的分部分项工程施工方案和安全专项方案时,方案应包含脚手架搭设及拆除方案。

3.5.4.2　脚手架工程除应满足支架工程相关要求外,还应满足以下要求:

(1)脚手板可采用钢、木、竹材料制作,单块脚手板的质量不宜大于30.0kg,木质脚手板厚度不应小于50.0mm。作业层脚手板应铺满、绑牢,无探头板。

(2)脚手架在安装过程中,须设置防倾覆的临时固定设施,如抛地撑、缆风绳、连墙件等。连墙件应靠近主节点设置,位置、数量应按施工方案确定。连墙件的安装应随脚手架搭设同步进行,不得滞后安装。

(3)人行兼作材料运料的斜道应附着外脚手架或结构物设置,运料斜道宽度不应小于1.5m,人行斜道宽度不应小于1.0m,斜道坡度不应大于1:3。高度在6.0m以下时,可采用一字形斜道;高度在6.0m以上时,应采用之字形斜道。斜道两侧及平台外围均应设置栏杆及挡脚板,斜道应采取防滑措施。

(4)作业层的工作平台应满足承载力及工人操作要求,宽度不小于1.0m,满铺脚手板,设置防护栏杆、挡脚板、阻燃型密目式安全网。平台高度超过2.0m时,应设兜底水平安全网,或在其下一步脚手架上满铺脚手板防护层。工作平台不得集中堆放物料。

(5)项目经理部应对脚手架组织自检,并报总监办验收,并填写支架(脚手架)验收记录表(附录C中附表C-40)。验收合格后在支架显著位置悬挂验收合格牌。

(6)严禁将模板支架、缆风绳、泵送混凝土和砂浆的输送管等固定在架体上。严禁擅自拆除或移动架体杆件、连接件及安全防护设施。

(7)脚手架单独设置时,高度在10.0~15.0m应设置一组(4~6根)缆风绳,每增高10m应再加设一组,缆风绳与地面夹角为45°~60°。缆风绳的地锚应设围栏。

3.6 消防

3.6.1 一般规定

3.6.1.1 项目经理部应按规定确定消防安全负责人和重点防火部位责任人,成立义务消防队,落实消防安全责任。

3.6.1.2 项目经理部应编制施工现场火灾应急预案,并定期组织演练。

3.6.2 消防安全要点

3.6.2.1 项目经理部应进行消防安全教育和培训。

3.6.2.2 工程技术人员在向作业人员进行安全技术交底时应包含消防安全内容。

3.6.2.3 项目经理部应按规定配备消防器材。灭火器设置应满足以下要求:

(1)灭火器应设置在位置明显和便于取用的地点,手提式灭火器最大保护水平距离不得大于20.0m,推车式灭火器最大保护水平距离不得大于12.0m。(灭火器材、设施如图3-20所示)。

图3-20 消防器材、设施图例

(2)灭火器的摆放应稳固,其铭牌应朝

外。手提式灭火器宜设置在灭火器箱内或挂钩、托架上，其顶部离地面高度不应大于1.5m，底部离地面高度不宜小于80.0mm。灭火器不得上锁。

(3)灭火器不得设置在超出其使用温度范围的地点。不宜设置在潮湿或强腐蚀性的地点。灭火器设置在室外时，应有相应的保护措施。

(4)每个设置点的灭火器数量不少于两具且不宜多于5具。

(5)项目经理部应对配置的灭火器进行编号管理，并对现场设置的灭火器的明显位置张贴灭火器编号标牌。

3.6.2.4 施工现场用火管理：

(1)可燃材料及易燃易爆危险品应按计划限量进场，分类存放。存放区的消防器材配置合理，并设置严禁烟火标志。

(2)焊接、切割、烘烤或加热等作业前，应对作业现场的可燃物进行清理，作业现场及其附近无法移走的可燃物应采用不燃材料对其覆盖或隔离。

(3)五级及以上风力时，应停止焊接、切割等作业；确因工程需要时，应采取可靠的挡风措施。

3.6.2.5 施工现场用气管理：

(1)施工现场气瓶应远离火源，距离不应小于10.0m，并应采取避免高温和防止曝晒的措施。

(2)氧气瓶与乙炔瓶的工作间距不应小于5.0m，气瓶与明火作业点的距离不应小于10m。

3.6.2.6 施工现场用电管理：

(1)可燃材料库房不应使用高热灯具，易燃易爆危险品库房内应使用防爆灯具。

(2)普通灯具与易燃物距离不宜小于0.3m，碘钨灯等高热灯具与易燃物距离不宜小于0.5m。

(3)电气设备不应超负荷运行或带故障使用。电气线路应具有良好的绝缘性能和机械强度。

3.6.2.7 应急照明管理：

(1)发电机房、变配电房、水泵房、疏散通道及无天然采光的作业场所等，应当配备临时应急照明器材。

(2)作业场所应急照明的照度不应低于正常工作所需照度的90%，疏散通道的照度值不应小于0.5lx。

(3)临时消防应急照明灯具宜选用自备电源的应急照明灯具，自备电源的连续供电时间不应小于60min。

3.6.2.8 疏散通道

(1)临时用房每层建筑面积大于200.0m^2时，应设置至少两部疏散楼梯，房间疏散门至疏散楼梯的最大距离不应大于25.0m。

(2)楼梯的最小净宽不应小于0.9m，倾斜角一般不宜大于45°，栏杆扶手高度不应小于1.1m。疏散楼梯不应采用螺旋楼梯和扇形踏步。楼梯间不应有影响安全疏散的突出物或堆积物。

(3)施工场所设置在地面上的临时疏散通道,其净宽度不应小于1.5m。设置在脚手架上的临时疏散通道,其净宽度不应小于0.6m。

(4)疏散通道为坡道,且坡度大于25°时,应设置楼梯或台阶踏步,或设置防滑条。

(5)疏散通道的侧面为临空面,应沿临空面设置高度不小于1.2m的防护栏杆。

(6)疏散通道应设置明显的疏散指示标识和照明设施。作业层的醒目位置应设置安全疏散示意图。

3.6.2.9 项目经理部应按规定对相关的消防设施进行检查。对已失效、损坏或丢失的消防设施,应及时更换、修复或补充。

3.6.2.10 项目经理部应按规定做好并保存施工现场消防安全管理的相关文件和记录,建立现场消防安全管理档案。

3.6.2.11 现场发生火灾事故时,必须立即启动应急救援程序。

3.6.3 施工现场消防安全标志

3.6.3.1 施工现场应设置火警电话标志、灭火器指示标志等,如附录5所示。

3.6.3.2 消防安全标志设置要求:

(1)标志应设在醒目位置。标志的正面或其邻近不得有妨碍视读的障碍物,尽量用最少的标志把必需的信息表达清楚。标志一般不应设置在可移动的物体上。

(2)疏散标志牌应用不燃材料制作,其他标志牌应符合防火要求。

(3)室外附着在建筑物上的消防标志牌,其中心点距地面的高度不应小于1.3m。室外用标志杆固定的标志牌的下边缘距地面高度应大于1.2m。

(4)两个以上标志牌可以设置在一根标志杆上,但最多不能超过4个。应按照警告标志(三角形)、禁止标志(圆环加斜线)、提示标志(正方形)的顺序先上后下,先左后右地排列。

3.7 冬期、雨期及热期施工

3.7.1 一般规定

3.7.1.1 项目经理部在编制施工技术方案时,应根据冬期、雨期及热期施工的不同特点,制订相应的安全技术措施。

3.7.1.2 冬期、雨期及热期施工前,项目经理部应对作业人员进行有针对性的安全教育及安全技术交底,作业人员应正确使用安全防护用品。

3.7.1.3 项目经理部应根据冬期、雨期及热期施工的不同特点,加强对机械设备的检查和维护保养工作。

3.7.1.4 项目经理部应安排人员收集天气预报,掌握天气变化情况,及时预警。

3.7.1.5 霜冻或雨雪天气时,应停止露天高空作业;6级以上大风、浓雾、雷电等恶劣气候时,严禁进行露天高空作业。

3.7.2 冬期施工安全要点

3.7.2.1 项目经理部应根据冬期施工的特点,落实防滑、防冻、防火的安全防护措施。

3.7.2.2 冬期施工前,应将保温材料、防冻液、防滑草包、加热保温设备、取暖设施、防寒劳动防护用品等配备到位。

3.7.2.3 防滑控制要点

(1)项目经理部施工前应加强对施工船舶甲板、人员通道、施工脚手架、水上作业平台、便道便桥等防滑措施的检查,及时清除冰、雪、霜。

(2)行走机械设备在移动过程中应注意防滑,在坡道和冰雪路面应减速缓行。

(3)钢便桥、脚手架、水上作业平台等易滑区域的相应位置应设置"当心路滑"等警示标志,对大雪等恶劣天气还应在安全风险告知牌上及时告知,对于存在危险的区域,夜间应加设警示灯。

3.7.2.4 防冻控制要点

(1)冬期施工前应对施工临时用房及临时设施采取防寒保暖措施,并为现场作业人员配备防寒用品。

(2)现场专业电工应在大雪及冰冻后对供电线路进行全面检查,防止断线造成触电事故。

(3)春融期间开工前须对坑槽边坡和固壁支撑结构进行检查,边坡出现裂缝、土质疏松等隐患时,应立即采取防止土方坍塌的应急措施。

(4)冬期使用的机械设备在冬期前应结合保养计划进行一次检查保养,换用适合本地区气温情况的防冻液、燃油、液压油、润滑油及安装预热、保温装置。带水作业的机械设备及有冷却水循环系统的内燃机械等暂停使用时,应将机体内的水放尽,放水阀保持开启状态。

3.7.2.5 防火控制要点

(1)冬期施工前,项目经理部应对消防器材及设施进行一次全面检查,及时更换、完善不符合要求的器材及设施。

(2)临时用房内严禁使用碘钨灯、电炉等大功率电器取暖。

(3)明火作业地点应有专人看管,对火源附近的易燃物应有效隔离。

(4)用于冬期取暖的设施应符合防火和防煤气中毒的规定。

3.7.3 雨期施工安全要点

3.7.3.1 项目经理部应根据雨期施工的特点,落实防汛、防触电、防雷击、防坍塌的安全防护措施。

3.7.3.2 雨期施工前,项目经理部应配备防汛应急物资和器材。作业人员应配备雨衣、雨裤、雨鞋等防护用品,操作带电设备人员应配备绝缘鞋,戴绝缘手套。

3.7.3.3 临水施工区域应做好防洪防汛应急准备,山体附近的施工现场做好防滑坡、塌方工作,脚手架、塔吊、龙门吊等应落实防台风措施。

3.7.3.4　雨期来临前应对现场供电线路及电气设备进行全面检查,主要检查现场防雷装置的完好性以及电气设备的接零、接地保护措施是否牢靠,漏电保护装置是否灵敏,电线绝缘接头是否良好等。

3.7.3.5　大雨后应检查临时设施、支架、脚手架、起重设备、机电设备、临时用电线路等,确保完好后方可使用;并对起重设备的基础、轨道等进行检查,发现倾斜、变形、下沉等现象时及时修理加固。

3.7.3.6　大雨后应及时对基坑边坡进行检查。如发现边坡有裂缝、疏松及支撑结构折断、走动等危险征兆,应立即采取有效措施,确保安全。

3.7.3.7　雨期施工时,应根据环境状况对临时便道、作业场地、斜道、上下坡道等采取防滑措施。雨期应安排人员维修施工路面,对路面坑洼或受雨水冲刷处及时进行修复。

3.7.3.8　雷雨时不得在高压线、大树下停留和作业。

3.7.4　热期施工安全要点

3.7.4.1　项目经理部应根据热期施工的特点,落实防高温、防中暑、防中毒的安全防护措施,同时做好防台、防汛工作。

3.7.4.2　热期施工时,项目经理部应合理调整作业时间,并给作业人员发放人丹、十滴水、风油精等防暑降温物品。

3.7.4.3　施工现场应搭设遮阳棚,并供应茶水、清凉含盐饮料、绿豆汤等。在容器内和高温条件下的作业场所,应采取通风和降温措施。

3.7.4.4　住宿区应保持通风、干燥,定期清扫、消毒,保持室内整齐、清洁、卫生,必要时可统一配置风扇、空调等防暑降温设施。

3.7.4.5　热期施工应加强员工饮食管理,食堂应配置冷藏设施,保证食物不变质,防止引起集体食物中毒事件。

3.7.4.6　热期施工时,应重点做好防中暑工作。一旦发生中暑现象,应立即启动应急救援预案。

3.8　特殊路段施工

3.8.1　一般规定

3.8.1.1　特殊路段施工主要是指边通车边施工及跨越道路、航道、铁路等跨线施工。

3.8.1.2　特殊路段施工前,项目经理部应编制安全专项方案并报总监审批,同时报当地相关主管部门批准。

3.8.1.3　特殊路段施工前,项目经理部应对作业人员进行安全技术交底,并配备反光背心或救生衣等安全防护用品。

3.8.1.4　施工现场发生道路交通事故时,项目经理部应及时启动预案,组织救援。

3.8.2　边通车边施工安全要点

3.8.2.1　施工作业区应按安全专项方案的要求设置安全警示标志和防护设施。

3.8.2.2　施工路段应安排专职人员指挥交通,疏导车辆,必要时可实行临时交通管制。

3.8.2.3　通车路段的路面应及时清扫,防止车辆碾飞土石伤人或雨后泥泞影响通车。

3.8.2.4　项目经理部应安排专职人员检查警示标志和防护设施,发现缺损及时补足。

3.8.3　跨线施工安全要点

3.8.3.1　跨线施工区应按安全专项方案的要求设置安全警示标志和防护设施。

3.8.3.2　跨道路施工路段应安排专职人员指挥交通,疏导车辆,必要时可申请临时交通管制;跨航道施工应与海事部门联系,保证水上通航安全,必要时可申请水上临时交通管制。

3.8.3.3　跨铁路施工时,项目经理部应按铁道部《铁路营业线施工及安全管理办法》的要求及编制的安全专项方案进行施工。

3.8.3.4　施工时,项目经理部应安排专人对照安全专项方案对安全防护设施、安全警示标志、夜间警示灯加强检查,发现缺损及时补足。

3.8.3.5　跨路、跨航道施工门洞支架应严格按照安全专项方案实施,门洞两侧应设置防撞设施。跨路施工门洞支架两侧须设置高度不小于0.5m的混凝土条形基础。

3.8.3.6　门洞上方应设置安全网、防护棚等防坠落设施,宽于门洞两侧不小于1.0m。进行焊接等作业时,应设置挡板防止焊花掉落或安排专人监护,并对易燃易爆等危险品运输车船的通行及时预警。

3.8.3.7　跨路门洞前方应设置限高、限宽门架,门架基础牢固并满足防撞要求,距离不宜小于30.0m。在门架前20.0m外安装一道或多道减速带,减速带间距3.0~5.0m。必要时在门架前方位置设置防撞墩。(门架、防撞墩如图3-21所示)。夜间应加设警示灯。

图3-21　跨道路施工时安全防护设施图例

3.8.3.8　跨航道施工时,水上作业人员应穿救生衣、穿防滑鞋,高处作业须系安全带。

3.8.3.9　因施工需调整交通组织时,应征得行政主管部门同意,同时调整相应的施工标志及防护设施。

3.8.3.10　施工作业完成后,应及时清除障碍物,恢复通行。

3.9 标志标牌

3.9.1 一般规定

3.9.1.1 项目经理部应根据工程进展情况,有计划并及时在施工现场设置相应的标志标牌。

3.9.1.2 项目经理部应经常检查标志标牌的状态,保持清洁醒目、完整无损,在施工过程中发现标志标牌破损、丢失或缺少时,应立即修复或补充到位。

3.9.1.3 便桥、便道的相关标志标牌视现场实际情况,按《道路交通标志和标线》(GB 5768—2009)的规定执行。

3.9.1.4 现场管理机构、总监办标志牌的设置可参照执行。

3.9.2 制作材料

3.9.2.1 采用坚固耐用的材料制作。

3.9.2.2 根据具体情况选用铝合金板、薄钢板、合成树脂类板材等。有触电危险的场所使用绝缘材料。

3.9.2.3 材料表面无毛刺、孔洞等影响使用疵病。

3.9.2.4 边缘和尖角适当倒棱,呈圆滑状,带有毛边处打磨光滑。

3.9.3 基本形状与尺寸

3.9.3.1 基本形状分别为矩形、圆形。

3.9.3.2 矩形尺寸(长×宽)一般为300mm×400mm、400mm×300mm、600mm×800mm、800mm×600mm、1 500mm×1 000mm、1 500mm×2 000mm、2 000mm×1 500mm、2 500mm×2 000mm。

3.9.3.3 圆形直径一般为300mm和500mm。

3.9.3.4 在特殊情况下,可根据现场实际确定标志标牌尺寸,但不得影响明示效果。

3.9.4 颜色与字体

禁止标志、警告标志、指令标志、提示标志、明示标志颜色参照《图形符号　安全色和安全标志》(GA/T 2893—2008)的基本规定执行。标志中的文字字体均采用黑体。

3.9.5 构造与安装

3.9.5.1 标志标牌一般由底板、支撑件、基础等组成,各部分组成须连接可靠。

3.9.5.2 支撑件具有一定的强度和刚度,应选用槽钢、角钢、工字钢等材料。

3.9.5.3 标志标牌安装须稳固,满足抗风、抗拔、抗撞等要求。

3.9.5.4 不需要使用支撑杆件的标志,直接悬挂、粘贴于附着物上。

3.9.6 设置要求

3.9.6.1 标志标牌的设置位置应合理、醒目,能使观察者引起注意、迅速判读、有必要的反应时间或操作距离。

3.9.6.2 设置的安全标志,使大多数观察者的观察角接近90°。

3.9.6.3 标志标牌不得设在门、窗、架等可移动的物体上。标志标牌前不得放置妨碍认读的障碍物。

3.9.6.4 当采用悬挂方式安装时,在防护栏上的悬挂高度为1.2m;采用粘贴方式时,粘贴在表面平整的硬质底板或墙面上,粘贴高度宜为1.6m;当采用竖立方式安装时,支撑件要牢固可靠,标志距离地面高度为0.8m。高度均指标识牌下缘距地面的垂直距离。当不能满足上述要求时,视现场情况确定。

3.9.7 现场布设

3.9.7.1 本节所列标志标牌为安全管理标志牌、标识牌,其他标志标牌设置按照《江苏省高速公路施工标准化指南》执行。

3.9.7.2 消防器材设置点、疏散通道及重点消防部位等应按《消防安全标志》(GB 13495—92)的相关要求加设相应安全标志;施工便道、便桥、道路作业场所等应按《道路交通标志和标线》(GA 5768—2009)的要求加设标志标牌。

3.9.7.3 项目经理部应根据现场实际需要和施工进展情况,增设或及时加设相应的标志标牌。

3.9.7.4 驻地及施工现场应设置的标志标牌:

(1)项目经理部驻地内应设置质量安全责任公示牌、场地布置图、场内道路设导向牌、限速牌等,食堂等处设置"讲究卫生"、"节约用水"、"小心滑倒"等标牌。

(2)试验室相应位置应设置"严禁烟火"、"须戴高温防护手套"、"当心有害气体"等标牌,力学试验设备安全操作规程牌。

(3)钢筋加工场设置材料标识牌、成品堆放区检验标识牌、各种设备安全操作规程牌,氧气、乙炔存放点应悬挂相应标牌。

(4)木材加工场应悬挂"严禁烟火"等消防标志牌及各种设备安全操作规程牌。

(5)预制(板)梁场进出口处、主要施工点应设置"施工重地,注意安全"警告牌,起重作业区设置安全风险告知牌,张拉台座两端应设置"张拉危险,请勿靠近"标牌,起重设备安全操作规程牌。

(6)拌和场出入口处应设置"施工重地,闲人免进"标牌。拌和楼操作室及磅房等应悬挂"机房重地,闲人免进"标志。拌和场内设置各种设备安全操作规程牌,场内危险场所设置"禁止停留"、"当心落物"等警示标牌,沉淀池附近悬挂"沉淀池危险,请勿靠近"标牌。

(7)油库区应设置"保持清洁"、"严禁堆放杂物及易燃物"、"油库重地、闲人勿进"以及消防标志牌等。

(8)施工便道出入口、交叉路口以及与学校、村庄相交的道口等处应设置限速、"危险地段、注意安全”等标志牌。跨航道便桥上，应设置限载、限速标志牌以及各种警示标牌。

(9)基坑周边明显位置应设“当心坑洞”、“基坑危险，请勿靠近”等警示标志牌，夜间应悬挂警示灯。泥浆池周边应设置的安全防护栏上醒目处悬挂“泥浆池危险、请勿靠近”等标牌。取土坑周围应设置“施工重地，注意安全”的警告标志，并在周围醒目位置设置“取土坑危险，禁止游泳”的标志牌。

(10)高处作业上下通道口、高空作业区域等应在相应位置设置“必须戴安全帽”、“须系安全带”、“须穿防滑鞋”等标志及“禁止抛物”、“施工重地，无关人员严禁入内”等标牌。跨道路、跨航道高处施工作业区应设置“禁止掉落焊花”、“上方施工　注意安全”等标牌。

(11)结构物、大型设备拆除现场应在安全围栏上设置“施工现场　闲人免进”、“拆除现场危险　请勿靠近”等标志牌。

(12)隧道施工洞口上部固定悬挂“须正确佩戴安全防护用品”、“注意安全”等指令、警告标志。隧道内应设指路导向牌，各种隧道施工设备应在相应位置设置安全操作规程牌。

(13)水上施工平台出入口明显位置设置“水上施工　注意安全”、“水上作业　须穿好救生衣”等警示标牌。施工平台周围的防护栏杆上应设置“当心落水”等警告标志牌。

(14)水上作业危险区域应设置醒目的安全警示标志。在航道周边施工的水中钻孔平台上下游两侧设置“减速慢行”等警示标志，钻孔平台四周应设置警示灯。

(15)施工现场内的变、配电站均应设置栅栏围护，栅栏四周应各悬挂一块“当心触电”的警告标志。埋地电缆路径应设方位标志与“下有电缆　严禁开挖”的警示标志。在电器集中地段，应设置醒目的“禁止用水灭火”的警示牌。发电机房应悬挂“小心　有触电危险”标志牌。高压线附近应在醒目位置设置“高压危险”警告牌。

(16)高压配电设备应设置“高压危险”等警告标志。电工维修作业时，应设置“禁止合闸　正在维修”标牌。所有临时用电场所应设置“当心触电”警告标志。重点防火部位及灭火器配置点应设相应的消防安全标志。

4 专业篇

4.1 路基工程

4.1.1 一般规定

4.1.1.1 工程开工之前,项目经理部应编制实施性施工组织设计,制订相应的安全技术措施。危险性较大的工程按要求编制安全专项方案。

4.1.1.2 项目总开工、分部分项工程开工前,应进行安全生产条件检查,履行相应的程序,不具备安全生产条件的不得开工。

4.1.1.3 开工前,项目经理部应根据建设单位提供的施工现场及毗邻区域内水、电、气、通信等地下管线资料进行复查,并在沿管线外相距1.0m处做好标识,必要时应采取保护或加固措施,确保施工过程的安全。

4.1.1.4 施工现场必须做好运输车辆、机械设备的交通安全工作,保证畅通。场地狭小,行人和运输繁忙的路段应设专人指挥交通。

4.1.1.5 大型机械进场前,应查清所通过道路、桥梁的净宽和承载力是否满足要求,必要时应予以拓宽和加固。

4.1.1.6 筑路机械在施工现场行驶时,应遵守现场限速等交通标志的规定,轮胎式的机械在公路上行驶时,必须遵守机动车的有关规定,履带式的机械不得在公路上行驶。

4.1.2 软基处理

4.1.2.1 本节适用于砂垫层、塑料排水板、碎石桩、粉喷桩、湿喷桩、静压(打入)桩、强夯等软基处理施工过程的安全管理。

4.1.2.2 粉喷桩、湿喷桩、静压(打入)桩、强夯等软基处理工程须编制安全专项方案。

4.1.2.3 软基处理施工前,应对施工机械、桩锤及附属设施进行安全性能检查;静力压桩机、强夯机等设备具有起重作业功能的,应按照规定进行检测持有合格证。

4.1.2.4 施工人员在各类打设机架上作业时,应符合《建筑施工高处作业安全技术规范》(JGJ 80—91)的有关规定。

4.1.2.5 软基施工作业现场应按规定设置警戒区,警戒区周围醒目处应设置“施工重地　闲人免进”、“注意安全”等警告、警示标志。

4.1.2.6 启动振动锤或振冲器前应发出警示信号,其他作业人员应撤至安全区域。

4.1.2.7 振动锤的电缆线,宜采用悬吊方式。易磨损的部位应采用耐磨绝缘材料进行包扎防护,并定期检查。

4.1.2.8　深层拌和处理机就位后应将机架摆放平整、稳定，并采取止动措施。深层拌和处理机移位时应关闭电源，并由专人看护和移动电缆线。

4.1.2.9　喷浆作业时，应注意压力表变化，出现异常时，应停机、断电、停风，并及时排除故障。故障处理结束，在开机送风、送电之前，应通知有关作业人员，防止有人处于危险位置而因突然开机受到伤害。作业区内严禁在喷浆嘴前方站人。

4.1.2.10　静力压桩机作业前，应检查并确认各传动系统、起重系统及液压系统等运转良好，各部件连接牢固。作业时，应有专人统一指挥，压桩人员和吊桩人员应密切联系，非工作人员应离机 10.0m 以外。

4.1.2.11　强夯机作业前，应对强夯机械的门架、横梁、脱钩器等主要结构和部件的材料及制作质量进行检查，满足设计要求。

4.1.2.12　强夯施工警戒区的警戒范围应通过试夯确定，但不得小于起重机吊臂长度的 1.5 倍。夯击时，作业人员应撤至安全区域。

4.1.2.13　修理夯锤或清理夯锤通气孔时，应将夯锤平放于专用支墩上，不得在吊起的夯锤下方作业。

4.1.2.14　强夯机变换夯位后，应重新检查支腿，确认稳固后再将锤提升 0.1 ~ 0.3m，检查整机的稳定性，符合要求后方可重新作业。

4.1.3　填方路基

4.1.3.1　土方运输车辆的技术性能应符合安全运输要求，车辆要具备有效的行驶证，驾驶人员要持有与驾驶车辆相符的驾驶证。

4.1.3.2　项目经理部须在易发生机械伤害的场所、主要出入口等位置，设置“当心机械伤人”、“前方施工　减速慢行”等明显的安全警告标志和安全防护设施。

4.1.3.3　操作人员作业前应检查机械设备四周的环境，必须确认机械设备前后、左右无障碍物和人员时才能启动。

4.1.3.4　自卸式运输车辆必须按规定吨位装载，不得超载、超高。卸料起斗时，应检查上方是否有架空线路，防止刮断。翻斗内严禁载人。

4.1.3.5　两台或两台以上推土机并排作业时，两机刀片之间应保持 0.2 ~ 0.3m 间距。推土机前进时必须以相同速度前行；后退时，应分先后，防止互相碰撞。

4.1.3.6　平地机作业时，刮刀的回转与铲土角的调整以及向机外倾斜都必须在停机时进行。在公路上行驶时，应遵守道路交通规则，刮刀和松土器应提起，刮刀不得伸出机侧，速度不得超过 20km/h。在坡道停放时，应使车头向下坡方向，并将刀片或松土器压入土中。

4.1.3.7　现场多种机械在同一作业面作业时，前后间距应不小于 8.0m，左右间距应大于 1.5m。

4.1.3.8　两台以上压路机同时作业，其前后间距不得小于 3.0m；在坡道上纵队行驶时，其间距不得小于 20.0m。

4.1.3.9　路基填筑时，机械设备与路基边缘的操作宽度不小于 0.3m，高填方时应有专人指挥。

4.1.3.10 路基填筑时,遇不良地质应加强路堤稳定观测,发生失稳时应停止施工。

4.1.4 挖方路基

4.1.4.1 遇有不良地质条件下,有潜在危险的土方、石方开挖工程以及爆破工程,须编制安全专项方案。

4.1.4.2 施工前应做好挖方路基的排水设计,完善排水设施,施工过程中应加强对排水设施的检查,确保排水通畅。

4.1.4.3 施工过程中,应根据开挖情况随时进行地质核查,并对路堑边坡稳定性进行监测,采取措施保证边坡稳定。

4.1.4.4 土方开挖应自上而下进行,不得乱挖超挖,严禁掏底开挖。遇有高边坡开挖时应分级开挖,边开挖边防护,并加强监测及时预警。

4.1.4.5 开挖石方时,开挖工作面应与装运作业面相互错开,严禁上、下双重作业。

4.1.4.6 挖掘机起动后,铲斗及铲斗运转范围内、臂杆、履带和机棚上严禁站人;严禁铲斗从运土车的驾驶室顶上越过;向运土车辆卸土时,应降低铲斗高度,防止偏载或砸坏车厢。

4.1.4.7 严禁挖掘机在电力架空线路下作业;确需在其下方作业时,机械与架空线路必须保持相应的安全距离。

4.1.4.8 石方作业需爆破时,应专门进行爆破工程设计,并制定安全技术操作规程。爆破作业应严格执行现行《爆破安全规程》(GB 6722—2011),确保爆破安全。

4.1.5 路基防护(排水)工程

4.1.5.1 石质边坡高度30.0m及以上、土质边坡高度15.0m及以上以及大型或复杂的边坡防护工程(锚固防护、抗滑桩等)应编制安全专项方案。

4.1.5.2 作业人员修整边坡时,应注意边坡稳定。在斜坡面上作业时,应采取安全防护措施。

4.1.5.3 砌筑工程必须自下而上砌筑,严禁在砌筑好的坡面上行走。抹面、勾缝作业必须先上后下,人员上下必须用爬梯。

4.1.5.4 砌筑作业时,跳板应绑扎牢固。作业人员在搬运砌块上架时,应采取防滑措施。严禁在脚手架上进行片石改小作业。

4.1.5.5 砌筑作业时,脚手架下不得有人操作或停留,严禁上下在同一直线上同时作业。

4.1.5.6 砌筑材料堆放与边坡边缘的安全距离不小于1.0m,且不得采用从上向下自由滚落的方式运输材料。

4.1.6 取、弃土场

4.1.6.1 取土场应按设计要求进行取土,根据土质情况放坡开挖,并保证边坡稳定。

4.1.6.2 取土场周围,施工期间应设置防护栏杆,并在醒目位置设“施工重地 闲人免进”、“取土坑危险 禁止游泳”等警告标志。

4.1.6.3 取(弃)土场与路基之间的临时施工便道、便桥应满足运输车辆的基本要求,并保证畅通,必要时应有专人维护。

4.1.6.4 取土场地上有架空线路时,应按规定对杆线采取有效保护措施。

4.1.6.5 弃土场设置应符合相关要求,弃土应相对集中堆放,并与周边环境相协调。弃土场与路基之间的距离,应满足路基边坡稳定的要求。

4.1.6.6 弃土场弃土不得影响排洪、通航,禁止在靠近桥墩台、涵洞口、路堑上方弃土。

4.1.6.7 工程施工结束后,取土场必须按要求及时与当地政府办理移交手续。

4.2 路面工程

4.2.1 一般规定

4.2.1.1 工程开工之前,项目经理部应编制实施性施工组织设计,制订相应的安全技术措施。交通组织应按要求编制安全专项方案。

4.2.1.2 项目总开工、分部分项工程开工前,应进行安全生产条件检查,履行相应的程序,不具备安全生产条件的不得开工。

4.2.1.3 项目经理部应认真执行现场管理机构关于现场车辆“许可证”等规定,必须做好施工现场运输车辆、机械设备的门(卡)登记和交通安全工作,保证畅通;因场地狭小,行人和运输繁忙的路段应设专人指挥交通。

4.2.1.4 筑路机械在施工现场行驶时,应遵守现场限速等交通标志的规定,轮胎式的机械在公路上行驶时,必须遵守机动车的有关规定,履带式的机械不得在公路上行驶。

4.2.1.5 路面工程夜间不宜施工。确需夜间施工时,路口、模板及基准线桩附近应设置警示灯或反光标志,并设置足够的照明。

4.2.1.6 路面工程施工时,主线沿线每500m内必须至少设置一处“施工重地 闲人免进”、“注意安全”、“进入施工现场 请减速慢行”等警示标牌及限速标志。

4.2.1.7 所有施工机械、电力、燃料、动力等的操作部位,严禁吸烟和有任何明火。摊铺机、搅拌楼、储油罐、配电房、发电机房等重要施工设备上应配备消防设施,确保防火安全。

4.2.1.8 拌和楼设备有故障需维修或发现异物需清理时,应切断电源,挂好“禁止合闸”牌,锁好控制室门或指定专人看守。操作室应有人值守,严禁在情况不明的状态下擅自启动设备,非操作人员未经许可不得进入拌和楼操作室。

4.2.2 基层

4.2.2.1 石灰消解时,操作人员应站在上风处进行,并应采取防尘措施。不得在浸水的同时边投料、边翻拌，人员应远避，以防烫伤。

4.2.2.2　装卸、洒铺及翻动粉质材料时，操作人员应站在上风侧，轻拌轻翻减少粉尘。散装粉质材料宜使用粉料运输车运输，否则车厢上应采用篷布遮盖。装卸尽量避免在大风天气下进行。

4.2.2.3　稳定土采用路拌法施工时，路拌机在行走和作业过程中，必须按照施工规范保持低速均速，停车时应拉上制动，将转子置于地面。

4.2.2.4　采用拌和站集中厂拌法施工时，拌和场的场内交通应统一合理规划，应有专门的进、出场道路和上料通道，场内的指示牌、导向牌等要醒目，必要时应有专人指挥。

4.2.2.5　拌和机操作台视线要开阔，操作人员应观察到整个拌和场地的作业情况。操作人员在作业过程中应集中精力，发现问题应立即停机。作业时每班不得少于2人。

4.2.2.6　拌和好的混合料宜采用自卸汽车运输。装料时，自卸汽车就位后应拉紧手制动器；卸料后，应及时使车厢复位，方可起步，不得在倾斜情况下行驶。

4.2.2.7　施工现场卸料、摊铺及碾压时应有专人指挥，协调各机械操作手、作业人员之间的相互配合，并保持安全距离。

4.2.2.8　基层施工时，应加强洒水防尘工作。洒水作业过程中驾驶室外不得载人。

4.2.2.9　施工结束后，机械设备必须熄火、制动，停放于指定位置。

4.2.3　沥青混凝土面层

4.2.3.1　作业人员必须佩戴齐全的防护用品，皮肤外露部分均需涂抹防护药膏。

4.2.3.2　机械摊铺作业前，必须认真检查现场所有机械设备的完好性，确认完好后方可开始作业。

4.2.3.3　沥青拌和楼及拌和安全要点：

(1)拌和楼安装、拆卸应编制安全专项方案。

(2)在运转前均须由机工、电工、电脑操作人员对沥青混合料拌和站的各种机电设备进行详细检查，确认正常完好后才能合闸运转。

(3)拌和设备运行中，各岗位的人员都要随时监视各部位运转情况，不得擅自脱离岗位。发现异常情况应立即报告机长，及时排除故障。

(4)清理和维护拌和设备时必须停机；如需人员进入搅拌缸内工作时，搅拌缸外要有人监护。

(5)拌和设备运转中严禁人员靠近各种运转机构，传动部位要加防护罩。搅拌器平台上不得堆放杂物、工具等，以免震落伤人。

(6)拌和站机械设备需经常检查的部位应设置爬梯。

(7)采用皮带输送机上料时，储料仓应加防护；集料斗升起时，严禁有人在斗下工作或通过，检查集料斗时应将保险链挂好。

(8)要定期检查送料斗的轨道、滑轮、钢丝绳等，发现异常要及时更换，在高处更换拌和楼的部件时要扣好安全带，并注意自己的站位是否安全。

(9)皮带输送机、搅拌器、引风机等传动或高速运转部件附近禁止站人。

(10)连续式拌和设备的燃烧器熄火时应立即停止喷射沥青。当烘干拌和筒内沥青或混合料着火时,应立即关闭燃烧器,停止供给沥青,关闭鼓风机、排风机,将含水率较高的细集料投入烘干拌和筒内,扑灭火焰,同时在外部卸料口用干粉或泡沫灭火器进行灭火。

(11)在料斗门附近做任何检修保养工作,必须首先使空压机停止运转,并将系统中的压缩空气排净。否则,严禁拆除气路系统中的任何部件。

(12)进行沥青罐的沥青存储量检查时,在光线不足的情况下,应使用手电筒进行照明,严禁使用明火进行照明,以免发生火灾。

(13)系统停机后必须切断动力配电柜的总进电开关。

4.2.3.4　导热油加热沥青安全要点:

(1)加热炉使用前必须进行耐压试验,水压力应不低于额定工作压力的两倍。

(2)对加热炉及设备应作全面检查,各种仪表应齐全完好。泵、阀门、循环系统和安全附件应符合安全要求,超压、超温报警系统应灵敏可靠。

(3)必须经常检查循环系统有无渗漏、振动和异声,定期检查膨胀箱的液面是否超过规定,自控系统的灵敏性和可靠性是否符合要求,并定期清除炉管及除尘器内的积灰。

(4)导热油的管道应有防护设施。

4.2.3.5　沥青洒布安全要点

(1)工作前应检查高压胶管与喷油管连接是否牢固,油嘴和节门是否畅通,机件有无损坏。检查确认完好后,再将喷油管预热,安装喷头,经过在油箱内试喷后,方可正式喷洒。

(2)喷洒沥青时,手握的喷油管部分,应加缠旧麻袋或石棉绳等隔热材料。操作时,喷头严禁向上,喷头附近不得站人,并注意风向,不得逆风操作。

(3)喷洒沥青时,如发现喷头堵塞或其他故障,应立即关闭阀门,等修理完好后再行作业。

(4)洒布车施工地段应有专人警戒,作业范围内不得有人。严禁在施工现场使用明火。

4.2.3.6　沥青混合料运输安全要点

(1)沥青拌和料的运输车辆应持有有效的车辆行驶证,驾驶人员应持有有效的驾驶证,并与所驾驶车辆的类别要相符。

(2)驾驶人员在运输前要接受安全技术交底,并熟知行驶路线,注意事项等,严禁将机动车交给无证人员驾驶。

(3)沥青混合料运输车辆状况良好,使用前应对制动、自卸系统进行检查,车斗密封,后挡板牢靠,并安装有倒车报警器。

(4)运料车向摊铺机卸料时,要和摊铺机协调动作,同步行进,防止互撞,在摊铺匝道时遇弯道处横坡面大,运输车辆料斗顶起后重心高,易发车辆侧翻事故,要做好防范措施。

4.2.3.7　摊铺作业安全要点

(1)摊铺机上的所有安全防护设施须配置齐全。

(2)摊铺作业前应清除一切有碍工作的障碍物,行驶前应确认前方无人,并鸣笛示警。作业时无关人员不得在驾驶台上停留,驾驶员不得擅离岗位。

(3)摊铺机驾驶应力求平稳,不得急剧转向。弯道作业时,熨平装置的端头与路缘石的间距不得小于0.1m。换挡必须在机械完全停止时进行,严禁强行挂挡和在坡道上换挡或空挡滑行。

(4)驾驶员在离开驾驶台前,要将摊铺机停稳,停车制动必须可靠,料斗两侧壁完全放下,熨平板放到地面或用挂钩挂牢。

(5)摊铺机夜间停放时,应在机旁挂设红灯和"施工重地　闲人免进"、"注意安全"等醒目的警示标志。

4.2.3.8　碾压作业安全要点

(1)压路机起动前,必须观察机械前后、左右有无障碍和人员,鸣笛起步。

(2)两台以上压路机同时碾压时,其前后间距不得小于3.0m。在坡道上纵队行驶时,其间距不得小于20.0m。

(3)振动压路机作业时,起振和停振必须在压路机行走时进行。严禁在尚未起振情况下调节振动频率。在桥面施工时,应避免与桥梁共振。

(4)使用轮胎压路机时,应保持轮胎正常气压,检查轮胎中间是否夹有异物。检查轮胎喷油装置是否灵敏有效。采用人工擦油时要有专人指挥,降低车速,确保安全。

4.2.4　水泥混凝土面层

4.2.4.1　浇筑混凝土时应设电工值班,负责振捣器、振动器、真空吸水装置、抹平机及切缝机等机具的电气接线、拆卸和出现电气故障时的紧急处理。作业人员必须穿绝缘鞋,戴绝缘手套。

4.2.4.2　模板宜采用型钢或定型钢模,模板加工宜由有资质的企业集中生产制作,且具有合格证。

4.2.4.3　混凝土拌和安全要点

(1)混凝土拌和过程中,作业人员不得离岗,严禁人员进入储料区和卸料斗下方作业;机械发生故障必须立即停机、断电。

(2)搅拌机的料斗在轨道上移动提升(降落)时,严禁其下方有人。搅拌机在运转中不得将木棒、工具等伸进搅拌筒或在筒口清理混凝土。

(3)施工后,应对搅拌机进行全面清理。当作业人员须进入筒内时,必须切断电源,锁好开关箱,挂上"禁止合闸"标牌,并应有专人在外监护。

(4)施工中使用的外加剂必须集中管理,专人领取,余料回库。

4.2.4.4　运输安全要点

(1)水泥混凝土搅拌运输车应持有有效的车辆行驶证,驾驶人员应持有有效的驾驶证,并与所驾驶车辆的类别要相符。

(2)采用自卸汽车装运混凝土时,不得超载和超速行驶;车斗密封,后挡板牢靠,并安装有倒车报警器。卸料后,应及时使车厢复位;严禁在车厢内载人。

4.2.4.5 摊铺作业安全要点

(1)人工摊铺作业时,应有作业班长统一指挥,作业人员协调配合,摊铺人员应听从振捣人员的指挥。

(2)滑模式水泥混凝土摊铺机摊铺时,运输车辆倒退时应鸣警,并设专人指挥。施工中,布料机支腿臂、松铺高低梁和滑模摊铺机支腿臂、搓平梁、磨平板上严禁站人。

(3)抹平机作业时,其连接螺栓应紧固,并在无负荷状态下起动,电缆要有专人收放。

4.2.4.6 切缝、养护安全要点

(1)切缝机作业前,应进行检查,刀片必须符合安全要求,刀片与刀架连接必须牢固可靠,刀片夹板螺钉应紧固,各连接部位和安全防护罩应正常完好。

(2)切缝作业时,必须沿前进方向单向切缝,作业人员应站在刀片侧面操作。

(3)养护前,应检查现场预留的雨水口、检查井口等孔洞必须盖牢,并设"当心坑洞"、"施工重地　闲人免进"、"注意安全"等安全标志,不得随意挪动安全标志和防护设施。

4.3 桥梁工程

4.3.1 一般规定

4.3.1.1 本章内容主要针对预制梁、支架现浇梁、悬臂浇筑预应力混凝土连续箱梁(刚构)等常规桥梁,对于拱桥、悬索桥、斜拉桥等特殊结构桥梁其基础、下部结构、主塔等分部分项工程可参照本章执行,拱、索、梁等未涉及的分部分项工程项目实施时应根据工程实际情况另行制订有关安全规定。

4.3.1.2 工程开工之前,项目经理部应编制实施性施工组织设计,制订相应的安全技术措施。危险性较大的工程应按要求编制安全专项方案。

4.3.1.3 项目总开工、分部分项工程开工前,项目经理部应按照要求进行安全生产条件检查,履行相应的程序,不具备安全生产条件的不得开工。

4.3.1.4 开工前,项目经理部应根据建设单位提供的施工现场及毗邻区域内水、电、气、通信等地下管线资料进行复查并做好标识,必要时应采取移出、保护或加固措施,确保管线的安全。

4.3.1.5 遇有6级(含6级)以上大风等恶劣气候时,不得进行高处露天作业、缆索吊装作业及大型构件起重吊装作业。

4.3.2 桩基础

4.3.2.1 本节适用于钻孔桩及人工挖孔桩施工过程的安全管理。打入(静压)桩可参照本章4.1.2条执行。

4.3.2.2 桩基础施工场地应平整、坚实,并划定作业区,非施工人员禁止入内。

4.3.2.3 陆上施工平台:桩位位于旱地,可在原地适当平整并填土压实形成工作平台,平台应比四周原地面稍高,便于排浆和保持现场清洁。

4.3.2.4　水上施工平台:水上施工平台应专门进行设计,考虑防冲刷、防冲击、防撞击、承载力等要求。位于浅水区(水深不大于2.0m时)可采用筑岛围堰,围堰应采用黏性土填筑;位于深水区时平台宜采用钢管桩、型钢或桁架等搭设,平台顶部面板宜采用钢板满铺。平台四周应设置防护栏杆并配备水上救生设施。在通航水域中搭设的平台,除应有临时防撞措施外,尚应设置全天候的通航标志和"水上施工　注意安全"、"水上作业　须穿好救生衣"、"当心落水"等警示标志。

4.3.2.5　桩基础作业现场及其附近有电力架空线路时,其安全距离应符合要求。

4.3.2.6　操作人员登高检查或维修机械设备时,必须配齐安全防护用品。

4.3.2.7　深水护筒埋设时,护筒通过栈桥运输或船运至平台位置,采用起重设备安装,并遵守起重吊装的相关要求。

4.3.2.8　对于已埋设护筒未开钻、施工至一定深度但暂时不进行作业的桩孔或桩顶混凝土低于现场地面时,均应加设护筒顶盖或铺设安全网遮罩,防止人员或物件坠入孔(洞)内。

4.3.2.9　泥浆池(船)的泥浆不得外泄,废浆处理应符合环保规定。泥浆池的周围应设置安全护栏和"泥浆池危险　请勿靠近"等安全警示标志。

4.3.2.10　钻孔桩安全要点

(1)钻机就位前,应对钻孔的各项准备工作进行检查;钻机安装后,其底座和顶端应平稳,确保安全。

(2)钻机就位后,应对钻机及配套设备进行全面检查。钻机安设必须平稳、牢固。钻架应加设斜撑或缆风绳。

(3)钻机使用的电缆线要定期检查,接头必须绑扎牢固,确保不透水、不漏电。

(4)钻机开始钻进前,操作手必须了解工作区域内地层断面图,附近的建筑物及高压电线等,特别要注意地下电缆、煤气管道、自来水管道等。

(5)钻孔过程中应随时清理现场,保持作业场地整洁,必要时应有防滑措施;钻机因故停钻或处理孔内事故时,必须将钻头提出孔外。

(6)钻机操作手必须掌握钻机构造及性能,熟悉操作方法、各种指挥信号以及钻探基础知识,经考核合格方可上机操作,非操作手一律不得上机操作。

(7)回旋钻机钻孔均应减压钻进,钻机的主吊钩始终应承受部分钻具的重力,孔底承受的钻压不得超过钻具重力之和(扣除浮力)的80%。

(8)冲击成孔时,选用的冲击锤、卷扬机、钢丝绳等应根据需要合理调整,冲击过程中操作手要随进尺快慢,适度调整钢丝绳的松紧度,严禁打空锤。

(9)旋挖成孔时,应经常注意钻杆工作情况,如有收不回、放不出的现象或有其他异常情况时,应立即报告,切忌盲目处理。当扭矩过大等出现指示灯异常时均应停机检查,查明原因,排除故障后方可继续作业。

(10)旋挖成孔时,应保证泥浆面始终不低于护筒底部0.5m以上。严格控制钻进速度,避免进尺过快造成坍孔埋钻事故,同时应及时清理桩孔附近的钻渣。

(11)所有非钻进作业的旋挖钻机运行(包括装卸钻具、装卸钻杆、迁移工作点、收臂放塔、检修调试机器等)必须有专人统一指挥。指挥者必须使用规范的指挥手势,谨慎引导钻机运行。

(12)钻机运行中作业人员应位于安全位置,钻具悬空时严禁下方有人。施工过程中严禁人员进入孔内作业。

(13)钻孔作业中发生漏浆及轻微塌孔时,应及时进行补浆,采取堵漏、增压或加大泥浆比重等措施迅速处理。坍孔严重时应立即回填,确保钻孔作业安全。

(14)应采用起重机吊放钢筋笼、吊装导管及浇筑水下混凝土。

4.3.2.11 人工挖孔桩安全要点

(1)挖孔作业前,应根据地质、地下水文等情况,制订安全专项方案。

(2)挖孔桩施工的场地应平整,排水应通畅,孔圈应高出孔口地面0.3m以上。距桩孔5.0m范围内,不得堆积弃土、重物或机具。挖孔作业时,周围通行的车辆应与挖孔桩保持10.0m以上的安全距离。

(3)桩孔内的作业人员应戴安全帽、系安全带,保险绳必须系在孔口。吊运渣土时,孔内作业人员应暂停作业,离开吊斗正下方,贴近孔壁,桩孔内外的通信联络应保证畅通。

(4)对采用的地面扒杆、绞车、料桶、吊绳和连接部件必须按照方案的要求设置牢固,交接班时应进行检查。

(5)桩孔内应设防水带罩灯泡照明,电压应为安全电压,电缆应为防水绝缘电缆,并应设置漏电保护器。

(6)作业人员上下桩孔须应采用专用软梯,爬梯宽度宜为0.5m,步距宜为0.3mm,强度应满足两人同时攀爬的要求。严禁作业人员随吊桶上下桩孔。

(7)距离孔口周边1.0m处应按规定搭设防护栏杆和"当心坑洞"等警示标志,暂停施工时孔口应盖好盖板并上锁。孔顶出土机具应有专人管理,夜间作业应悬挂示警灯。

(8)采用现浇混凝土护壁时,必须开挖一级,浇筑一级,护壁节段高度必须严格按方案执行,浇筑前应将上下段护壁的钩拉钢筋绑扎牢固。拆除护壁模板时,混凝土强度应达到10MPa以上。

(9)人工挖孔作业时,应始终保持孔内空气质量符合《环境空气质量标准》(GB 3095—1996)的有关规定。孔深大于10.0m或孔内存在有害气体时,必须采取强制通风措施。当使用风镐凿岩时,应加大送风量,吹排凿岩产生的石粉。

(10)每班开挖前均应对护壁情况进行检查,合格后方可开挖。挖孔作业前,应先通风换气。

(11)桩孔内的孤石宜采用膨胀法破碎。遇岩层需爆破作业时,应进行爆破的专门设计,且宜采取浅眼松动爆破法,并应符合《爆破安全规程》(GB 6722—2011)的有关规定。爆破时,其他桩孔内的作业人员亦须全部撤离。

(12)严禁雨天挖孔作业。挖孔过程中,应及时排除积水。遇有地下承压水涌出时应立即停止施工,撤离作业人员,确保安全。

4.3.3 扩大基础、承台

4.3.3.1 深度3.0m及以上的基坑，或虽未达到3.0m，但地质条件和周围环境复杂的基坑，应编制安全专项方案。

4.3.3.2 基坑四周应设置挡水坝、排水沟及“当心坑洞”、“基坑危险 请勿靠近”等警示标志。深度大于2.0m的基坑应按规定设置防护栏杆。

4.3.3.3 基坑作业时，应设置便于人员出入基坑的通道或爬梯。

4.3.3.4 基坑临近各类管线、建(构)筑物时，开挖前应按照有关规定实施拆、移、加固或保护等措施，经检查符合要求后方可开挖。

4.3.3.5 基坑施工中，挖土、吊运、浇筑混凝土等作业，严禁碰撞支撑，并不得在支撑上放置重物。

4.3.3.6 基坑开挖安全要点

(1)基坑开挖前，应对基坑边坡的稳定性进行验算；基坑尺寸应能满足承台安全施工和排水要求，基坑顶面应有良好的运输通道。

(2)基坑周围的机械设备和堆存的物料等距基坑边缘的距离必须满足边坡稳定或设计的要求。全部放坡开挖的基坑，机械设备上下基坑时应设置专用通道。通道的地基、宽度、坡度应满足施工和安全行车的要求。

(3)深基坑开挖过程中，应对基坑边坡、支护结构、临时围堰等进行沉降和位移监测。

(4)基坑开挖与支撑、支护交叉进行时，严禁碰撞基坑的支护结构。

(5)基坑开挖中，当可能出现基坑顶面裂缝、坑壁坍塌或遇有涌水、涌砂影响基坑边坡稳定时，应加强观测，及时进行加固防护。一旦出现上述问题，必须立即停止施工，人员撤离危险区，等采取有效措施并确认无安全隐患后，方可恢复施工。

(6)受条件限制基坑不能按规定放坡时，应采取支护措施。基坑支护应根据土质情况、施工荷载、施工周期及现场情况进行设计，并参照《建筑基坑支护技术规程》(JGJ 120—99)的有关要求执行。

(7)支护结构完成后，应进行检查验收，确认符合安全要求后，方可进入基坑进行后续作业。

(8)采用集水坑排水时，宜在坑底基础范围以外设置集水坑并沿坑底周围开挖排水沟，用水泵排出坑外。采用井点降水法排水时，井点类别的选择，宜按照土层的渗透系数、要求降低水位的深度以及工程特点等经计算确定。

(9)降水时应加强降水井内水位及含沙量的监测，严格控制降水高程，确保降水井的有效性；降水时应做好沉降、位移监测，保证水位降低区域内构筑物的安全，必要时应采取防护措施。

(10)基坑降水和排水必须有备用电源。

(11)基坑开挖需要爆破时，应按《爆破安全规程》(GB 6722—2011)的有关要求执行。

4.3.3.7 扩大基础、承台施工安全要点：

(1)机械设备的停放位置与基坑边缘的距离必须满足边坡稳定或设计的要求。

(2)制作好的钢筋采用机械吊运时,应捆扎牢固,吊点应设在钢筋束的两端。起吊时下方禁止站人。

(3)绑扎承台钢筋时,应按设计图纸或施工规定摆放钢筋支架或马镫架起上部钢筋,不得任意减少支架或马镫。

(4)承台模板采用吊车吊运时,吊点应满足要求,在模板上设置溜绳控制模板的方向,模板未固定好禁止松钩。模板安装应按方案规定的程序进行,安装过程中应加设临时支撑保证稳定。

(5)浇筑承台混凝土时,应搭设临时脚手架并铺设脚手板,禁止站在模板、钢筋上操作。夜间浇筑时,应有足够的照明设备。

(6)采用混凝土输送泵或混凝土泵车浇筑时,应严格遵守设备操作规程。

(7)拆除模板时,必须设警戒区和"施工重地　闲人免进"、"当心落物"、"当心坠落"等警示标志,严禁下方有人进入。作业人员必须站在安全地点操作,保持自身平衡,不得猛敲,以防失稳坠落。

(8)高处或临边作业时,应按规定做好防护措施。

4.3.4 围堰

4.3.4.1　本节适用于土石围堰、钢板桩围堰及钢套箱围堰施工过程的安全管理。

4.3.4.2　土石围堰适用于水深小于3.0m,河床透水性较小的河床。钢板桩围堰、钢套箱围堰一般适用于水深4.0m以上覆盖较厚的砂类土、碎石土和半干性黏土等河床或软土地区避免大开挖的承台施工。项目经理部应按照设计提供的地质资料,选用合适的围堰方式,施工前应编制安全专项方案。

4.3.4.3　围堰所设置的支撑结构必须坚固牢靠,其强度、刚度、稳定性必须满足施工过程中的有关安全要求。

4.3.4.4　施工过程中应加强对围堰结构的变形观测,发现围堰支撑有松动、变形等异常情况时,应及时加固,当危及作业人员安全时应立即撤出。

4.3.4.5　围堰顶高程应高于施工期间可能出现的最高水位(包括浪高)0.5m以上。

4.3.4.6　围堰支撑拆除时,应根据专项安全施工方案的要求进行,拆除支撑应考虑基坑内外的压力平衡,可考虑采用基坑回填土或补水的办法。存在引起坑壁坍塌危险时,必须立即采取安全措施。

4.3.4.7　水上作业过程中,作业人员应穿戴救生衣。

4.3.4.8　土(石)围堰施工安全要点:

(1)置于河床上的土(石)围堰施工前应先清除河床表面的杂物淤泥等,以防漏水。

(2)围堰施工应从上游开始,并填筑出水面,逐步填至下游合龙。水位以上的填筑应分层夯实,叠砌土袋时,要求上下、内外相互错缝,码放整齐。

(3)当水深大于1.2m填筑围堰时,必须选派熟悉水性的作业人员,穿好救生衣,防止发生溺水事故。

4.3.4.9　钢板桩围堰施工安全要点:

（1）插打钢板桩可采用吊车或浮吊等起重设备进行。采用浮吊作业时，应满足通航及水上作业的安全要求。

（2）插打钢板桩前必须对打桩机具进行全面检查，必要时应进行试吊插打等准备工作。

（3）钢板桩起吊前，组拼的钢板桩组件，应采用坚固的夹具夹牢，不得将吊具拴在钢板桩夹具上。钢板桩吊环的焊接应由专人检查，必要时应进行试吊。

（4）钢板桩起吊应有专人指挥，作业时应扣好溜绳，吊起的钢板桩未就位前桩位附近不得站人。打桩机和卷扬机应设专人操作。

（5）钢板桩插进锁口后，因锁口阻力不能插放到位而需桩锤压插时，应采用卷扬机钢丝绳控制桩锤下落行程，防止桩锤随钢板桩突然下滑。

（6）插打钢板桩，如因吊机高度不足，可向下移动吊点位置，但吊点不得低于桩顶下1/3 桩长的位置。

（7）安装钢围囹与钢支撑应严格按照安装方案的顺序施工，第一道围囹必须在抽水前完成，安装过程中控制内外压力差，抽水至第二道围囹下 0.5m 时即可安装第二道围囹，依此循环至全部围囹安装结束。

（8）施工过程中应设置临时补水措施，保证围堰内外压力差平衡，确保围堰在施工过程中的安全。

4.3.4.10　钢套箱围堰施工安全要点：

（1）采用有（无）底钢套箱围堰施工，应对钢套箱的结构、形式、安装方式、悬挂系统等进行专门设计制造，经检查验收合格后方可交付使用。

（2）钢套箱在浮运或装配中，必须具有足够的强度、刚度和稳定性，并编制运输、组装、安装及拆卸安全技术方案。

（3）钢套箱采用船组辅助定位时，应先将定位船、导向船（或其他导向设施）就位。定位锚在施放时，位置应准确，并要采取措施保证锚抓力满足要求，防止走锚。抛锚地点应设置浮标。

（4）钢套箱定位后，应检查锚锭系统的稳定情况，确认无误后方可进行下步工作。

（5）钢套箱的沉放应有专人统一指挥，应平稳、对称、均衡下沉。

（6）钢套箱在就位后必须采取防撞措施，设置“前方施工　减速慢行”、“注意安全”等警示标志，防止往来船只、漂流物等碰撞，确保钢套箱及其支撑点的安全。

（7）船间的通道及联结梁上，应铺设人行道板和栏杆，并设置供作业人员上下的专用爬梯；现场应配齐救生器材；作业人员须穿救生衣。

（8）进行潜水作业时，应按水下作业的有关规定执行。

（9）钢围囹、钢支撑及封底应参照钢板桩围堰施工。

4.3.5　墩柱、盖梁

4.3.5.1　在施工方案中，应明确模板安装及支承方式、钢筋的绑扎方法、混凝土的浇筑方法、顺序和相应的安全技术措施。

4.3.5.2 施工前必须设置人员上下的斜道、安全梯等设施。盖梁施工前必须搭设施工脚手架及作业平台,作业平台与斜道临边必须按规定设防护栏杆和挡脚板。

4.3.5.3 起重设备吊装模板、支架及钢筋骨架时,应符合起重吊装的安全要求。

4.3.5.4 墩柱、盖梁施工过程中,应设定警戒区,并设置“施工重地　闲人免进”、“当心坠落”、“注意安全”等警告标志。

4.3.5.5 墩柱、盖梁施工时应符合以下要求:

(1)施工前应对模板进行设计,其强度、刚度、稳定性应满足要求,其连接螺栓应通过计算确定。模板安装时应采取临时稳定措施。

(2)绑扎钢筋时,作业人员不得站在钢筋骨架上操作和攀登骨架上下,墩柱钢筋骨架应用临时支撑拉牢,以防倾倒。

(3)混凝土浇筑前,应对施工支架、模板、机械设备及安全设施等进行全面检查,确保施工安全。

(4)浇筑现场须设专人指挥运输混凝土的车辆,指挥人员须站在车辆安全一侧;混凝土入模应服从振捣人员的指挥。

(5)浇筑混凝土时,应设专人进行监测,发现模板、支架、支撑出现位移、变形等异常情况时,应立即校正和加固。

(6)浇筑混凝土时,作业人员不得踏踩、碰撞模板及其支撑,不得在钢筋上行走。

(7)现场电气接线与拆卸必须由电工负责,并遵守相关规定。混凝土浇筑过程中,应设电工值班。

(8)使用插入式振捣器进入模板仓内振捣时,应对线缆加强保护,防止磨损漏电。

(9)人员在狭小模板内振捣混凝土,应轮换作业,并设专人进行安全监护。

(10)在盖梁上进行预应力张拉、压浆时,应设置“张拉危险　请勿靠近”、“施工重地　闲人免进”等警示标志,禁止无关人员进入。

(11)施工平台上应按要求配置消防器材,高处作业须符合相关规定。

4.3.6 高墩

4.3.6.1 本节适用于采用爬模、翻模施工的高墩施工安全管理。

4.3.6.2 施工前应编制安全专项方案。

4.3.6.3 爬模、翻模应按设计制作与施工,其结构应满足强度、刚度及稳定性要求。液压爬模应由专业单位设计制造,应有检验合格证明和使用说明书。

4.3.6.4 进场后应进行验收。验收内容应包括模板系统(内、外模)、液压爬升系统(预埋件、导轨、液压装置)、爬架架体系统(架体、工作平台),重点检查各构件连接点、安全防护装置、液压爬升装置等,对焊接部位须进行100%焊缝探伤检测。

4.3.6.5 作业人员须走人员专用通道,墩高大于40.0m时宜设置施工电梯。施工过程中应按规定加强检查、维护。通道口、电梯口应设置“施工重地　闲人免进”、“必须戴安全帽”、“当心坠落”等警告标志。

4.3.6.6 爬模安装前应对预埋爬锥进行检查,要求预埋位置正确、无油污污染等。

4.3.6.7　爬模施工安全要点：

(1)爬模爬升前，项目经理部应组织现场负责人、技术及安全负责人到场监督。爬架上只能留操作人员，拆除四面架体连接件，清除平台上零散物件。

(2)导轨爬升前，作业人员应检查爬升悬挂件是否安装到位，高强螺栓是否紧固到位，爬升锚板、爬靴实际位置与理论位置是否一致，液压部件和控制系统技术状况是否处于良好，确认无误方可爬升。

(3)爬架爬升前，作业人员还应检查架体四周电线连接是否解除、塔吊至爬架主电缆悬挂长度是否足够、液压部件和控制装置工况是否完好等。启动前应清除不必要荷载，抬起导轨底支撑并旋转垂直紧贴墩身，放松支架下支撑，调整液压油缸上下顶升弹簧状态，确认无误方可爬升。

(4)爬升结束后，应检查爬模承重销和安全插销是否安插到位，平台滚轮和撑脚是否紧贴墩身，爬架锚固螺栓是否拧紧，四周架体是否连接牢靠，操作平台安全防护设施是否到位，作业平台通道是否畅通，安全栏杆、阻燃型密目安全网是否完好，作业平台消防器材是否完好等。

(5)爬模系统仅靠四周锚固点承受所有荷载，施工荷载不得集中堆放，严禁在架体上堆放除施工荷载以外的其他荷载。

4.3.6.8　翻模施工安全要点：

(1)翻模前，检查模板是否与起重机固定，对拉杆是否完全松开，相邻围囹连接是否松开，确认无误后方可起吊模板至上一节段。

(2)翻模后要检查围囹是否连接牢固，对拉杆是否上紧，操作平台安全防护设施是否到位，作业平台通道是否畅通，安全栏杆、阻燃型密目安全网是否完好，作业平台消防器材是否完好等。

(3)施工荷载不得集中堆放，严禁在作业平台上堆放除施工荷载以外的其他荷载。

4.3.6.9　高墩施工除执行以上规定外，还应参照本章4.3.5条的相关规定执行。

4.3.6.10　塔吊等大型设备必须按规定安装避雷设施。吊装作业时，要有专人指挥，重物下方严禁站人。

4.3.6.11　每个高墩应使用单独的专用配电箱，平台上的施工机具应搭铁或接零。

4.3.6.12　6级以上的大风、雨雪等恶劣天气，必须停止作业，并切断电源，关闭上下通道。

4.3.7　梁板预制、安装

4.3.7.1　梁板预制、安装应编制安全专项方案。

4.3.7.2　预制安全要点：

(1)预制梁高度超过2.0m时，应按高处作业的规定设置爬梯及相关安全防护设施。

(2)采用龙门吊装模板时，要严格按照起重机械设备作业规程操作。拆除模板时禁止采取大面积同时撬落或整体拉倒模板的办法。

(3)混凝土浇筑时须设专人指挥，作业人员之间应分工明确，协调配合。采用吊斗浇筑混凝土时吊斗下面严禁站人。

4.3.7.3 张拉安全要点：

(1)张拉作业时，油顶后方须设置围挡防护，后张法应采用钢板防护，挡板应距离所张拉预应力筋端部1.5～2.0m，高出最上一组预应力筋0.5m，宽度距预应力筋外侧各不小于1.0m。先张法端部应采用砖墙防护，并采取措施，防止钢绞线弹出伤人。

(2)高处进行张拉作业时，应按规定搭设作业平台及施工脚手架。

(3)张拉作业时，量测人员应站在钢绞线侧面进行测量，钢绞线两端的正面严禁站人或穿越。

(4)张拉现场应设置"张拉危险　请勿靠近"、"施工重地　闲人免进"等警示标牌。先张法梁张拉时严禁任何人员横跨台座。

(5)先张法梁钢绞线张拉完毕，宜在4h内浇筑混凝土。后续施工时必须严格保护钢绞线，已张拉的钢绞线上严禁站人，钢筋绑扎时禁止使用电焊作业。

(6)后张法预应力梁压浆时，工作人员应穿雨鞋，戴防护眼镜、口罩和安全帽等防护用品。

4.3.7.4 出坑安全要点：

(1)梁、板吊装设备应采用专业厂家生产的起重设备，起重设备的起吊重量应满足最大起重量的1.2倍。

(2)梁、板首次起吊前，应先进行试吊。试吊时，先将梁、板吊离支承面约20.0～30.0mm后暂停，对各主要受力部位做细致检查，经确认受力良好后，方可继续起吊。

(3)梁体离开台座时应均匀进行，同步提升。龙门吊行走时应平稳匀速，确保同步移动，防止梁体受扭、倾斜。

(4)存放T形梁、工字梁等大型构件时，宜采用特制的钢结构托架或木结构托架支撑，防止倾覆。支撑应设于翼板根部，不得撑于翼板外缘。箱梁、T梁叠加存放不得大于两层，板梁堆放不得大于三层。

(5)起吊结束后，应对龙门吊采用夹轨器固定。安全员巡查时加强对限位器等安全保险装置的检查。

4.3.7.5 运输安全要点：

(1)拖车装运梁板前，应检查牵引车和挂车的连接机构、制动软管等安全装置，符合要求后，方可开始运输。

(2)梁、板装车时应按设计规定的吊点下设支点，梁、板装车后应用钢丝绳、手拉葫芦等设备将梁捆绑在车上，经固定后再松吊钩。

(3)拖车运输梁板时，时速宜控制在5km/h。对T形梁、工字梁等易倾覆预制构件运输时，应有抗倾覆措施，可在支点处设特制的钢结构托架或木结构托架，保证运输途中的稳定。

(4)拖车运输梁板时，除一名驾驶员主驾外，还应指派一名助手，协助观察，及时反映安全情况和处理安全事宜。拖车应悬挂安全标志，且不得载人。

4.3.7.6 安装安全要点：

(1)架梁施工前,必须在墩位处设置人行梯道,方便安装人员上下。

(2)架桥机就位后,为保持前后支点的稳定,应用方木支垫。前后支点处,还应用缆风绳固定于墩顶两侧。

(3)架桥机架梁作业时应设专人指挥,按预定的施工顺序进行。梁板在架桥机上纵、横向移动时,应平缓进行。起吊或落梁时应平稳匀速进行,卷扬机操作人员应按指挥信号协同动作。

(4)全幅宽架桥机吊装的边梁就位前,墩顶作业人员应暂时避开。边梁横移不能一次到位的,操作人员应将滑道板、落梁架等准备好,待梁板落入后,再进入作业点进行梁板的牵引横移就位等工作。

(5)跨墩龙门安装梁板时,应根据龙门的高度、跨度,严格按照龙门操作的有关规定执行。

(6)采用吊车吊装梁板时,如采用一台吊机起吊,应在吊点位置的上方设置吊架或起吊扁担;如采用两台吊机抬吊,起重机的选型应经过计算确定,起吊过程中应统一指挥,协调一致,尽量保持两台吊机分配荷载均衡,从而达到梁板的两端同时起吊、同时就位的目的。

(7)梁板架设就位后,应及时设置保险垛或支撑将梁板临时固定,对横向自稳性较差的T形梁、工字梁等,应与先安装的梁板进行可靠的横向连接,防止倾倒。

(8)梁板安装作业时,项目经理部须安排专职安全员进行现场监督。作业过程中,地面应设警戒区,周围应设置“施工重地　闲人免进”、“注意安全”、“当心落物”等警告标志,由专人值守禁止非施工人员进入。在道路、航道上方进行梁板安装或架桥机移跨过孔时,须设临时交通管制措施,严禁行人、车辆和船舶在桥梁下方通行。

(9)梁板安装完成后应及时设置临边防护栏杆,梁板顶面如有预留孔应覆盖或设置防护栏杆,并设置“禁止翻越防护栏”、“当心坠落”等警告标志。

4.3.7.7　梁板预制、预应力张拉或安装时,应有监理人员现场旁站。

4.3.8　湿接缝、体系转换

4.3.8.1　湿接缝、体系转换前,应按规定设置人员通道,桥面上应设置人员水平通道,相关位置应设置“禁止翻越防护栏”、“当心坠落”等警示标牌。

4.3.8.2　湿接缝、体系转换施工过程中,桥梁下方应设置警戒区域,在其周围设置“施工重地　闲人免进”、“注意安全”、“当心落物”警示标志。严禁非施工人员、车辆或船舶进入警戒区域内。

4.3.8.3　现场安全要点:

(1)湿接缝、体系转换施工过程中,作业人员应按规定佩戴安全帽、安全带,水面上方作业时还应当穿戴救生衣。

(2)湿接缝模板安装、拆除时,应搭设操作平台,操作平台应安全可靠;专用吊篮应按经设计计算后按要求制作。

(3)钢筋加工安装作业、预应力张拉压浆作业等必须严格按照方案实施,遵守相关的安全规定并采取安全防护措施。

(4)在密闭的箱室内进行作业时,箱室内必须有足够的照明。夏季作业时,必须采取通风和降温措施,必要时应有人监护。

(5)拆除临时支座时应使用撬棍或其他工具拆除,不得使用手工拆除。

4.3.9 支架现浇梁

4.3.9.1 支架现浇梁时,项目经理部应按规定编制安全专项方案。

4.3.9.2 支架搭设、预压、拆除时应按3.5.3条的有关规定执行。

4.3.9.3 支架搭设完成后,项目经理部应按规定组织验收,合格后方可进行后续作业。

4.3.9.4 现浇梁模板在安装过程中,必须设置临时支撑等防倾覆固定措施。模板应满足强度、刚度、稳定性的要求。

4.3.9.5 作业过程中应及时完善临边防护设施,并在合适位置设置"禁止攀登"、"当心坠落"等警告标志。作业人员须走人员通道,严禁利用支架或模板支撑上下攀登。

4.3.9.6 材料垂直运输时应设专人指挥。严禁吊臂及吊物碰撞支架;严禁下方站人。

4.3.9.7 项目经理部应严格按施工方案规定的混凝土浇筑顺序进行施工。对于纵横坡较大、曲率半径较小的结构物浇筑时,应从低处往高处浇筑,防止结构失稳。

4.3.9.8 混凝土浇筑过程中应密切注意模板、支架的变形情况,如有变形或沉陷应立即停止施工并采取校正或加固等措施。

4.3.9.9 浇筑混凝土时,应铺设脚手板,禁止站在模板、钢筋上操作;夜间浇筑时,应有足够的照明设备。

4.3.9.10 张拉、压浆作业时,作业人员应在工作平台上进行作业。

4.3.9.11 现浇箱梁作业面应按照有关规定配备消防器材。

4.3.10 悬臂浇筑预应力混凝土连续箱梁(连续刚构)

4.3.10.1 本节适用于悬臂浇筑预应力混凝土连续箱梁(连续刚构)施工过程的安全管理。

4.3.10.2 悬臂浇筑预应力混凝土连续箱梁(连续刚构)施工前应编制安全专项方案。

4.3.10.3 双层作业时,作业人员必须遵守各自的岗位职责,并应防止铁件工具等物体坠落。

4.3.10.4 挂篮悬浇施工作业人员,须严格遵守高处作业、起重作业和水上作业的有关规定。

4.3.10.5 挂篮悬浇施工时,作业人员必须在挂篮防护设施的安全防护范围内进行操作。严禁作业人员在挂篮防护设施外或站在防护设施顶部进行操作。

4.3.10.6 0号块及现浇段支架施工必须严格按施工方案施工,并同步设置人员上下通道和安全防护设施,具体执行支架现浇的有关规定。

4.3.10.7　挂篮施工安全要点:

(1)挂篮应专门设计,应委托有资质的钢结构厂家制作。

(2)挂篮出厂前应对焊接部位进行100%焊缝探伤检测,并进行试拼装。

(3)挂篮拼装完成后,项目经理部应履行验收程序,并按设计荷载进行加载试验,以检验挂篮的承载能力,加载应按方案规定的要求进行。未进行加载试验的挂篮,不得投入使用。

(4)挂篮四周应设置围护设施,设工作平台及安全通道。工作平台及安全通道应按有关规定执行。人员上下应使用专用爬梯,并在其醒目设置"禁止攀登"、"当心坠落"等警告标志。

(5)在使用有关机具设备(如千斤顶、滑车、手拉葫芦、钢丝绳等)前,应对其按规定进行检查或校验,不符合要求的一律禁止使用。

(6)混凝土浇筑前,应再次检查挂篮的承重系统、锚固系统、悬吊系统和模板系统等的安全性、可靠性。严禁用人工手动方式紧固后锚点螺栓锚固。

(7)混凝土浇筑中,应派专人对挂篮的安全使用状况进行检查,发现异常情况应及时采取有效应对措施进行处理。

(8)混凝土浇筑应两端对称、均衡的进行,新浇节段混凝土未施加预应力前,不得移动挂篮。

(9)挂篮行走移位前应对挂篮的安全防护设施和周边环境进行全面检查,确认无误并撤离无关人员后方可进行挂篮移位作业。

(10)挂篮前移行走设专人指挥,挂篮前移过程中应保持稳定。两端挂篮应对称、缓慢前行,最大不同步量不超过0.5m。挂篮前移时,后端应增设临时的手拉葫芦。滑道铺设应牢固、平整、顺直,不得偏移。

(11)挂篮使用过程中,应经常检查后锚固筋、千斤顶、手拉葫芦、张拉平台及保险绳等是否完好可靠。

(12)箱梁混凝土接触面的凿毛作业人员要有安全防护设施,作业人员之间也要保持一定的安全距离。

(13)挂篮移位后应立即设置箱梁的临边防护栏杆。箱梁的预留洞口应按规定覆盖或设置护栏,并在其旁设"当心坠落"、"当心坑洞"、"禁止翻越防护栏"、"禁止抛物"等警告标志。

(14)水面上空悬浇作业时,挂篮作业面及已浇筑部分箱梁两侧每隔50m应各配备1只救生圈。

(15)箱梁作业面上应按照规定配足消防器材。

4.3.11　混凝土桥面调平层

4.3.11.1　在跨越公路、铁路、等级航道上方施工时,应按规定做好临边防护并设置密目安全网和挡脚板,以防人员高处坠落或坠落物伤人,并在适当醒目位置设"禁止抛物”、“当心坠落”、“禁止翻越防护栏”等警告标志。

4.3.11.2 作业人员穿越中分带时应走专用通道,严禁跨越。

4.3.11.3 采用起重设备进行钢筋骨架(网片)吊运时,应设专人指挥。

4.3.11.4 混凝土浇筑时人员分工应明确,作业人员之间应协调配合。采用汽车泵浇筑混凝土时,应有专人用绳索牵拉泵管。作业后采用压缩空气冲洗管道时,管道出口端前方10.0m内严禁站人。

4.3.11.5 混凝土浇筑完成后,项目经理部应将剩余材料集中存放,防止坠落伤人。

4.3.11.6 伸缩缝预留槽宜采用钢板覆盖,并应设置有关警告标志。

4.3.12 护栏施工

4.3.12.1 护栏施工采用的工作吊篮和配重吊篮车必须专门设计计算并按要求加工制作,吊篮四周应按规定设置防护栏杆。制作完成后,项目经理部应组织验收,合格方可投入使用。宜使用专业厂家生产的定型产品。

4.3.12.2 护栏施工过程中,桥梁下方有人、车通过时,必要时桥下应设警戒区,应设专人监护,禁止非施工人员进入。应在适当位置设“施工重地 闲人免进”、“当心落物”等警告标志;桥梁上方应设置“当心坠落”等警告标志。

4.3.12.3 护栏进行焊接作业时,要严格做好防止焊割时火花下溅伤人。

4.3.12.4 作业人员必须在安全防护范围内操作,严禁作业人员站在防护栏杆上操作;必须在防护范围外作业时,作业人员应正确使用安全带,并有专人监护。

4.3.12.5 绑扎护栏钢筋人员必须在安全防护范围内绑扎钢筋,严禁在无临边防护的情况下作业。

4.3.12.6 混凝土浇筑时,严禁作业人员站在模板上振捣或用手直接推扶混凝土吊斗或泵管。

4.3.12.7 护栏施工过程中,严禁在高处直接向下抛物;施工结束后应及时做好作业面的清场工作。

4.4 隧道工程

4.4.1 一般规定

4.4.1.1 项目经理部应编制隧道工程安全专项方案。分部分项工程施工前,项目经理部应对作业人员进行安全技术交底。

4.4.1.2 隧道工程施工应遵循“五不挖”原则,即:不探不挖、不护不挖、不测不挖、不定不挖、不符不挖。

4.4.1.3 长大隧道和岩溶、突水等不良地质隧道应采取长、中、短距离相结合的综合物探技术进行超前地质预报,并采取水平地质钻探验证,每个水平地质钻探断面至少布设3个钻孔,前后两次钻孔搭接应达到5.0m以上。

4.4.1.4 对Ⅳ级、Ⅴ级、Ⅵ级围岩隧道的施工,严禁采用全断面法开挖。

4.4.1.5　隧道施工的各班组间执行交接班制度。作业人员进出洞口必须登记。隧道开挖面作业人员不超过9人,钻孔过程中应当有专职安全管理人员随时检查工作面状况。

4.4.1.6　隧道工程临时用电、个人劳动防护、特种设备管理、消防、标志标牌等参照现场通用篇相关要求执行。

4.4.2　洞口

4.4.2.1　洞口宜采用封闭管理。设置值班房,值班房按临时用房要求搭设,值班室明显位置设“进洞请登记”等标牌,并配备不少于两具的MF/ABC4灭火器。

4.4.2.2　1 000m以上长大隧道须设置隧道人员电子管理系统,并有人员定位功能。将进出隧道人员的数量、工种、时间、洞内分布位置及洞内各工序施工情况等信息反映在电子显示屏上。电子屏规格不应小于2.5m×2.0m,采用钢支架架设。

4.4.2.3　2 000m以上长大隧道须设置隧道视频监控系统。监控系统摄像头安装在洞口区域,设置数量满足监控区域要求。

4.4.2.4　项目经理部应根据建设单位提供的施工现场及毗邻区域内水、电、气、通信等管线资料进行复查并在沿管线外相距1.0m处做好标识,并对周围有影响的建(构)筑物、附近道路等采取保护或加固措施。

4.4.2.5　施工前必须完善截排水设施,并清除和加固洞口上方及侧方可能滑塌的表土、灌木及山坡危石等,发现松动危石应立即清除。

4.4.2.6　洞口土石方开挖应自上而下分层开挖,分层支护。隧道开挖超过100.0m后,隧道内外需安装通信设备,保证洞内外通信畅通。

4.4.2.7　施工过程中,按规定对洞口边仰坡进行监控量测,随时检查变形状态,发现不稳定现象时,及时采取措施。

4.4.2.8　洞顶及斜(竖)井洞口焊接钢筋支架,挂设“正确佩戴安全帽”、“当心触电注意安全”等警示标志。

4.4.2.9　明洞支架施工时,参照现场通用篇支架工程安全要点执行。

4.4.3　洞身

4.4.3.1　初期支护的挖、支、喷三环节须紧跟。仰拱距开挖面距离Ⅳ级不得大于50m,Ⅴ级不得大于40.0m,Ⅵ级不得大于30.0m。二次衬砌的施工时间须在围岩和锚喷支护变形基本稳定后及时进行,且距离开挖面不得大于90.0m。

4.4.3.2　当同一隧道两个工作面接近贯通时,两端掘进的施工队应加强联系,统一协调指挥。两个工作面的距离接近余留8倍循环进尺时,应及时报告相关负责人,由负责人决定另一端停止掘进,将人员和设备撤出,并在安全距离处设置警示标志,禁止人员入内,直至全面贯通。

4.4.3.3　两座平行的隧道开挖时,其两个同向开挖工作面应保持合理的纵向距离。间距小的隧道,须采取措施防止后行洞开挖对先行洞产生不良影响。

4.4.3.4 隧道在开挖下一循环作业前,应对照设计检查初期支护情况,确保施工作业环境安全。

4.4.3.5 全断面法开挖应采用机械进行找顶。

4.4.3.6 台阶法开挖施工时,台阶长度不宜超过隧道开挖宽度的1.5倍。台阶下部开挖后,应及时喷射混凝土进行封闭。当设有钢架时,应及时安装下部钢架并喷射混凝土,严禁拱脚长时间悬空。

4.4.3.7 环形开挖留核心土法施工时,开挖进尺宜为0.5~1.0m。核心土面积不应小于开挖断面面积的50%。开挖后应及时施工喷锚支护、安设钢架支撑,相邻钢架须用钢筋连接,并应按设计要求施工锁脚锚杆。

4.4.3.8 中隔壁法、交叉中隔壁法施工时,开挖侧喷射混凝土强度达到设计要求后,再进行另一侧开挖。同层左、右两侧沿纵向应错开10.0~15.0m距离,同侧上、下层开挖工作面相距应保持3.0~5.0m。中隔壁及临时支撑应在仰拱施工完成后逐段拆除。

4.4.3.9 双侧壁导坑法施工时,导坑宽度不应大于0.3倍隧道宽度,侧壁导坑、中槽部位开挖应采用短台阶,台阶长度3.0~5.0m,必要时应预留核心土,侧壁导坑开挖应超前中槽部位10.0~15.0m。导坑与中间土体同时施工时,导坑应超前30.0~50.0m。

4.4.3.10 仰拱开挖时,应采取措施保证施工交通安全,控制一次开挖长度,开挖后立即施作初期支护,封闭成环。采用分部法开挖的,临时支护应根据监控量测结果逐段拆除,每段拆除长度不得大于2.0 m。

4.4.3.11 钻孔前,必须由专人对开挖作业面安全状况和作业人员安全防护进行检查,及时消除各种安全隐患。钻孔作业时,须采用湿式钻孔,严禁在残孔中继续钻孔,并注意观察开挖工作面有无异常漏水、气体喷出、围岩变化等情况。

4.4.4 装(卸)渣与运输

4.4.4.1 运输车辆严禁人料混载,不准超载、超宽、超高运输。运装大体积或超长料具时,应有专人指挥,专车运输。

4.4.4.2 装渣过程中,应注意观察掌子面围岩的稳定情况,发现松动岩石或有塌方征兆时,应先处理再装渣。装卸渣时,发现渣堆中有残留炸药、雷管应立即处理。

4.4.5 支护

4.4.5.1 支护每项工序施工前,应对作业面进行检查,清除松动的岩石和混凝土块。

4.4.5.2 喷射混凝土作业时应设置警戒区,非施工人员不得进入正在进行喷射混凝土的作业区,施工中喷嘴前严禁站人,并经常检查输料管、接头的使用情况,当有磨损、击穿或松脱时应及时处理。

4.4.5.3 隧道内搬运钢架应装载牢固,固定可靠,防止发生碰撞和掉落。

4.4.5.4 当钢架侵入限界需要更换时,应先做临时安全措施后采取逐榀更换、先立新钢架后拆除废钢架的方法,严禁先拆废钢架后立新钢架或同时更换相邻的多榀钢架。

4.4.6 衬砌

4.4.6.1 对于Ⅳ级、Ⅴ级、Ⅵ级围岩隧道的施工,二次衬砌的施工时间必须在围岩和锚喷支护变形基本稳定后及时进行,且距离开挖面不得大于100.0m。在二次衬砌施工前,专职安全员应检查隧道顶部围岩状况,并及时清除松动的浮石。

4.4.6.2 衬砌台车的组装、拆卸应在洞外宽敞、平坦、坚实的场地上进行。当条件限制,须在洞内组装、拆卸时,应选在围岩条件较好和洞身较宽阔的地段进行。

4.4.6.3 衬砌台车组装完毕后,应由专业人员检查台车各部件连接情况,确保各部件连接牢固可靠,支撑系统、驱动系统应经调试合格后方可投入使用。

4.4.6.4 工作台车平台应满铺,并设防护栏杆、爬梯、防滑等设施,防护栏杆高度为1.2m,立杆间距不得大于1.5m,横杆与上下件之间距离不得大于0.6m。

4.4.6.5 工作台车两侧防护栏杆外侧挂设全反光材料制作的一组"禁止停留、注意安全、当心机械伤人、当心坠落、当心落物"等警示牌。

4.4.6.6 防水板施工时严禁吸烟,照明灯具严禁烘烤防水板。钢筋焊接作业时,应设临时阻燃挡板,防止机械损伤或电火花灼伤防水板。

4.4.6.7 二次衬砌台车应配备MF/ABC4灭火器两具,防水板台车每层工作平台上应配备不少于两具的MF/ABC4灭火器。

4.4.7 斜井、竖井

4.4.7.1 竖井井口平台应比地面至少高出0.5m,井口应设有严密的井盖、防雨设施,接罐地点应设置牢固的活动栅门,由专人保管。

4.4.7.2 斜井右侧应设宽1.0m的人行梯步供进出施工人员行走,与运输轨道的安全距离不小于2.5m,人行梯步设置1.2m高的护栏。人行步梯每间隔50.0~100.0m设置一处休息平台。

4.4.7.3 斜井的垂直深度超过50.0m时,根据斜井断面大小、纵坡坡度等有条件配备运送人员的车辆时,运送人员的车辆须有顶盖,车辆上须装有可靠的防坠器。

4.4.7.4 斜井井底停车场应设避车洞。

4.4.7.5 井口、井下及卷扬机间应有联系信号。提升、下放与停留应各有明确的色灯和音响等信号规定。运送人员的车辆中,必须装设向卷扬机操作人员发送紧急信号的装置。

4.4.7.6 升降人员或物料的单绳提升罐笼,应设置可靠的防坠器。

4.4.7.7 应经常检查防坠器、挡车器、卷扬机、钢丝绳等设施,发现问题及时处理。

4.4.8 通风

4.4.8.1 隧道掘进达到150.0m以上时,必须采用管道通风设施进行通风。

4.4.8.2 通风机架基础采用混凝土固定,采用槽钢或工字钢按承重通风机总质量的2~4倍焊制,宜设置洞外不小于30.0m处。

4.4.8.3 风管宜采用拉链式普通 PVC 软管,风管上的吊环须能承受住风管自身的重压和通过风流的风压。

4.4.8.4 通风管靠近掌子面的距离应根据隧道断面尺寸确定,送风式通风管的送风口距掌子面不宜大于 15.0m,排风式吸风管距开挖面不宜大于 5.0m。

4.4.8.5 高压风、水管和通风管设在隧道同侧,高压风、水管安装在离地面 0.4m 的位置,通风管悬挂在离地面 2.5m 的位置。

4.4.8.6 配备空气质量检测仪,定期测试粉尘和有害气体浓度。

4.4.9 照明

4.4.9.1 洞内照明系统应安装应急照明灯,应急照明灯宜不大于 50.0m 设置一个。

4.4.9.2 隧道照明应保证灯光充足、均匀,不得耀眼。运输道路未成洞地段每隔 6.0m,成洞地段每隔 10.0 ~ 20.0m,装设不低于 60W 照明灯一个。漏水地段应用防水灯头和灯罩。

4.4.9.3 高压线、动力线、照明线与高压风水管和通风管分开设置,按高压、动力、照明线顺序上中下敷设;动力、照明线分开架设,线间距 0.1m,离地面 2.5m,高压线离地面 3.5m 以上,低压线路采用三相五线制,如图 4-1 所示。

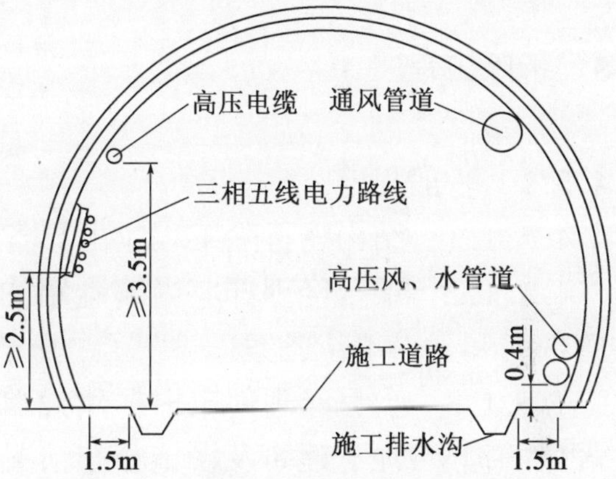

图 4-1 隧道“三管两线”布置示意图

4.4.9.4 在隧道内需设置 10kV 变电站时,变电站应选择在干燥的车行横洞内,周围须装设防护栏和警示灯,悬挂“高压危险”等警示牌。变压器与周围及上下洞壁的最小距离不得小于 0.3m。

4.4.9.5 变电站应采用井下高压配电装置或相同电压等级的油开关柜,禁止使用跌落式熔断器。低压应采用成套组合电器或带有空气断路器的低压配电盘。

4.4.10 交通安全

4.4.10.1 凡停放在接近车辆运行界限处的施工设备与机械,应在其外缘设置警示灯,组成显示界限。

4.4.10.2 工作台车和衬砌台车应设置单独固定的警示灯,台车上内轮廓应设置连串式彩灯,并粘贴反光膜。行车通道具有足够的空间,满足洞内运输车辆通行。

4.4.10.3 仰拱施工地段前后须设置警示锥形桶。

4.4.10.4 在洞口、成洞地段设置 15.0km 限速牌;在未成洞地段、工作台架(车)处、大型设备停放处须设置 5.0km 限速牌;在二衬、仰拱、路面等施工地段前方 30.0m 处设置“前方施工、减速慢行”标牌,标牌离地面高度 1.2m。

4.4.11 排水

4.4.11.1 集水井、检查井等孔口应采用覆盖防护,并设置警示标志。

4.4.11.2 离隧道 20.0～30.0m 处设置沉淀池一个,排水沉淀池周边应设置安全护栏,张挂密目式安全立网,并设置警示标志。

4.4.12 应急

4.4.12.1 隧道内的人行通道、车行通道在具备施工条件时应及时贯通,在横通道口及通道内设置指示标牌及应急照明灯。

4.4.12.2 在洞外搭设应急物资库房,准备足够的型钢、方木、圆木、钢管、钢筋等应急物资。

4.4.12.3 地质不良地段,开挖面还应设置长度大于 50.0m、直径不小于 0.6m、壁厚不小于 10.0mm 的钢管,作为必要的安全逃生通道。

4.4.12.4 钻孔台车须配备工具箱,箱内存放应急照明、扳手、手钳等工具。在掌子面附近须配备应急箱,箱内存放食品、饮用水、紧急医用药物等应急物资,应专人负责,定期更换。

4.5 拆除工程

4.5.1 一般规定

4.5.1.1 结构物拆除工程应由具备相应资质等级的施工单位组织施工。

4.5.1.2 项目经理部应当编制结构物拆除工程安全专项方案,并报当地交通运输主管部门和建设单位备案。

4.5.1.3 项目经理部应根据建设单位提供的管线资料及有关图纸,对拆除工程涉及区域的地上、地下建筑及设施分布情况进行复查。

4.5.1.4 拆除现场应设置警戒区,并安排专人值守,无关人员不得进入施工区域。

4.5.1.5 遇 6 级以上大风、大雨、大雪等恶劣天气须停止拆除作业。夜间不宜进行拆除工程作业。

4.5.2 人工拆除

4.5.2.1 采用人工拆除的小型桥梁、涵洞以及大型桥梁的桥面系(如人行道、栏杆、伸缩缝、泄水管、桥面铺装等)工程,存在高空、临边、洞口等危险作业时应按规定完善安全防护设施。

4.5.2.2 项目经理部应对拆除工程过程中使用的手动葫芦、钢丝绳等工具和现场安全防护设施进行检查。

4.5.2.3 作业人员应严格按施工方案进行操作,拆除过程中严禁上下同时交叉作业。

4.5.2.4 拆除现场一定范围内应当采取防护措施,防止落物伤人。

4.5.2.5 小型桥梁的人工拆除应保持结构物的对称性、均衡性,保持未拆除部分结构的相对稳定。

4.5.2.6 在进行支挡、排水结构(或构造)物拆除前,应做好临时排水工作。

4.5.2.7 在通车路段对路面进行小面积拆除时,应按规定设置道路作业安全标志,并派专人疏导交通。

4.5.3 机械拆除

4.5.3.1 拆除施工前,项目经理部应对用于拆除工程的起重设备、重锤机、挖掘机等设备及手持电动工具等小型机具进行检查,特种设备应有检测检验合格证。

4.5.3.2 施工区域需设置封闭围档时,围档高度不应低于1.8m,围档距施工区保持安全距离。

4.5.3.3 机械拆除结构物,应自上而下拆除;拆除桥梁时,应先拆除桥面的附属设施及护栏等非承重结构,再拆除承重结构。机械拆除在分割时,必须确保未拆除部分结构的稳定。施工中应有专人负责监测,发现有不稳定趋势时,必须停止作业,立即采取措施,消除隐患。

4.5.3.4 大件拆除采用双机抬吊作业时,每台起重机荷载不得超过允许荷载的80%,并进行试吊。作业过程中双机必须保持同步。

4.5.3.5 应根据被拆物高度选择拆除机械,不可超高作业。人、机不可立体交叉作业,机械作业时,在其回旋半径内不得有人作业。

4.5.3.6 机械严禁在有地下管线处作业。确因施工需要而无法避开时,必须在地面垫足够厚度的整块钢板或走道板,保护地下管线安全。

4.5.3.7 被拆除物的高度超过相邻电力线路等管线时,必须采取严密的防护措施,严禁向管线方向倾倒。

4.5.3.8 在高压线下使用起重设备等进行拆除作业时,必须达到规范规定的安全距离要求。无法达到安全距离时,必须采取有效的防护措施。

4.5.3.9 机械拆除作业应采取防尘措施,场界噪声应符合相关规定。

4.5.4 爆破拆除

4.5.4.1 爆破拆除工程的施工单位应具有相应的资质,持有主管部门核发的《爆破物品使用许可证》。从事爆破拆除工程施工的作业人员应持证上岗。

4.5.4.2 爆破拆除应采用电力起爆网路和非电导爆管起爆网路,严禁采用导爆索网路或导火索起爆方法。

4.5.4.3 爆破拆除应成立爆破领导小组,统一指挥。

4.5.4.4 爆破作业时,应按爆破设计要求设置警戒区。

4.5.4.5 爆破器材的领用和保管应按《民用爆炸物品管理条例》执行。

4.5.4.6 爆破拆除前,须由人工或机械拆除的构件不得影响整体结构的稳定与安全。

4.5.4.7　装药前对爆破器材进行性能检测,并进行起爆网络模拟实验。模拟试验应选择在安全场所进行。

4.5.4.8　爆破作业应有设计人员、监理人员、工程技术人员对炮孔、装药逐个验收,并按爆破设计进行防护和覆盖,覆盖材料应便于固定,牢固可靠。

4.5.4.9　爆破拆除应预估拆除物塌落时对周围环境的影响,采用可靠的降尘措施。

4.5.4.10　爆破结束,须经专业人员检查确认安全后,方可下达警戒解除指令。

4.5.4.11　垃圾清运前,应再次对现场进行安全检查,对未爆塌的部分建筑物、结构物进行妥善处理后,方可进行出渣作业。

4.6　房建工程

4.6.1　一般规定

4.6.1.1　工程开工之前,项目经理部应编制实施性施工组织设计,制订相应的安全技术措施。危险性较大的工程按要求编制安全专项方案。

4.6.1.2　项目总开工、分部分项工程开工前,应进行安全生产条件检查,履行相应的程序,不具备安全生产条件的不得开工。

4.6.1.3　开工前,项目经理部应根据建设单位提供的施工现场及毗邻区域内水、电、气、通信等地下管线资料进行复查,必要时应采取迁移、保护或加固措施,确保施工过程的安全。

4.6.1.4　进入现场的车辆须按要求办理通行证,并服从路面施工项目经理部的统一管理。

4.6.1.5　项目经理部安全管理除应符合本指南管理篇、通用篇相关安全管理要求外,还应遵守国家和地方有关房建工程安全生产法律法规及相关规定要求。

4.6.2　项目经理部驻地

4.6.2.1　施工现场必须实行封闭式管理,围挡高度不得低于1.8m。除施工现场主要出入口外,围挡必须沿工地四周连续设置;使用砌块砌筑的围挡应按设计要求设置加强垛,并确保围挡无破损;使用金属定型材料的围挡应确保支撑牢固,挡板保持不变型、无破损、无锈蚀。

4.6.2.2　项目经理部临时用房搭设及验收等应按照本指南相关要求执行。办公、生活与作业区的临时用房应分开设置,保持安全距离。

4.6.2.3　项目经理部不得在尚未竣工的建筑物内设置员工集体宿舍。

4.6.3　人员管理

4.6.3.1　项目经理部应对所有进场人员及时分类办理实名登记手续,按规定进行岗前培训,考核合格后方可上岗。

4.6.3.2　项目经理部必须按《建筑施工企业安全生产管理机构设置及专职安全生

产管理人员配备办法》规定配备安全管理人员。项目负责人、专职安全管理人员必须取得安全生产考核合格证书后方可上岗,并按规定参加继续教育。

4.6.3.3 项目经理部应按照每5 000万元施工合同额配备一名的比例配备专职安全员,不足5 000万元的至少配备一名。建筑工程、装修工程专职安全员配备还应满足以下要求:建筑面积10 000m^2及以下的工程至少1人;10 000~50 000m^2的工程至少两人;50 000m^2以上的工程至少3人。专职安全员应根据专业需要配备并分工明确。

4.6.3.4 电工、电焊工、架子工、起重工等特种作业人员必须取得有关主管部门颁发的资格证方可上岗。

4.6.3.5 项目经理部应按规定对作业人员进行安全技术交底。

4.6.4 机械设备

4.6.4.1 机械设备管理应遵守本指南规定,机械设备使用应遵守《建筑机械使用安全技术规程》(JGJ 33—2001)的规定。

4.6.4.2 起重机械租赁、使用、安装、拆卸、检测和人员培训考核等应严格按照《建筑起重机械安全监督管理规定》(建设部令第166号)执行。

4.6.5 安全专项方案

4.6.5.1 危险性较大的工程应编制安全专项方案。

4.6.5.2 房建工程中,除基坑支护与降水工程、土方开挖工程、模板工程、起重吊装工程等危险性较大的工程范围参照表2-1界定外,脚手架工程、收费大棚钢结构吊装工程应单独编制安全专项方案。

4.6.6 基坑及模板工程

4.6.6.1 施工现场基坑及模板工程应严格按照《建筑基坑支护技术规程》(JGJ 120—99)等规范要求施工。

4.6.6.2 危险处和通道处及行人过路处开挖的槽、坑、沟,必须采取有效的防护措施,防止人员坠落,夜间应设红色标志灯。基坑周边必须要有良好的排水系统和设施。槽、坑、沟边1.0m以内不得堆土、堆料、停置机具。基础施工时的降排水(井点)工程的井口,必须设牢固防护盖板或围栏和警示标志,完工后,必须及时回填。

4.6.6.3 开挖槽、坑、沟应根据土质和深度按规定放坡或加可靠支撑,并设置人员上下坡道或爬梯。开挖深度超过2m的,必须按规定设置防护栏杆。

4.6.6.4 模板及支撑的设计、制作、安装和拆除的施工工序以及运输、存放的要求,应严格按照施工方案执行。

4.6.6.5 吊运大模板时应设专人指挥,模板起吊应平稳,不得偏斜和大幅度摆动。操作人员必须站在安全可靠处,严禁人员和物料随同大模板一同起吊。穿墙螺栓等其他零星部件的垂直运输应采用有边框的吊盘进行,禁止用编织袋直接吊运;当风力超过6级或大雨、大雪、大雾时不得进行吊装作业。

4.6.6.6 大模板安装前应按配模设计平面图规定位置将斜撑、挑架、跳板、护栏及爬梯等安装齐全并连接牢固;根部和顶部要有固定措施;支撑必须牢固、稳定,支撑点应设在坚固可靠处,不得与脚手架拉结;就位后紧固好穿墙螺栓方可解除吊车吊环,对空间狭窄,无法安装支腿的模板和就位后的模板不能及时安装穿墙螺栓时,应用索具将同一墙体正反两块模板相互拉接,严禁使用铅丝临时固定;组装平模时,应及时用卡具或花篮螺丝将相邻模板连接好,防止倾倒。

4.6.6.7 大模板的拆除顺序应遵循先支后拆、后支先拆,先非承重部位、后承重部位以及自上而下顺序的原则;拆除有支撑架的大模板时,应先拆除模板与混凝土结构之间的穿墙螺栓及其他连接件,松动地脚螺栓,使模板后倾与墙体脱离开;拆除无固定支撑架的大模板时,应用索具与墙体主筋拉接牢固,严禁使用铅丝临时固定。

4.6.6.8 严禁操作人员站在模板上口采用晃动、撬动或用大锤砸模板的方法拆除模板;拆除的穿墙螺栓、连接件及拆模用工具必须妥善保管和放置,不得随意散放在操作平台上;起吊大模板前应先检查模板与混凝土结构之间所有穿墙螺栓、连接件是否全部拆除,必须在确认模板和混凝土结构之间无任何连接后方可起吊大模板,移动模板时不得碰撞墙体;吊运时应垂直起吊,严禁使用吊车撕撤模板或斜吊。

4.6.6.9 施工现场应确定模板存放区域,存放区应设围栏。大模板堆放时,有支撑架的大模板必须满足自稳角70°~80°要求;没有支撑架的大模板应存放在专用的插放支架内,不得倚靠在其他物体上;遇有大风等恶劣天气,应对存放的模板采取临时连接的固定措施,同时暂停清理模板和涂刷脱模剂等作业。

4.6.7 脚手架

4.6.7.1 脚手架搭设、拆除及所用构件必须符合《建筑施工扣件式钢管脚手架安全技术规范》(JGJ 130—2011)的规定,项目经理部必须编制脚手架及模板支架安全专项方案,包括搭设要求、基础处理、杆件间距、连墙杆设置、拆除程序等内容,并附有设计计算书,施工详图及大样图。

4.6.7.2 使用工具式脚手架必须经过设计和编制施工方案,经技术部门负责人审批。附着升降脚手架的供应单位必须提供设计、制造该脚手架的法定资质证书及出厂合格证,所用各种材料、工具和设备的质量合格证、材质单等质量文件。附着升降脚手架的安装单位必须提供法定的安装资质证书。作业人员必须经过专业培训并取得上岗证书。

4.6.7.3 严禁使用木、竹脚手架和钢木、钢竹混搭脚手架。整体高度超过24m时,严禁使用单排脚手架。

4.6.7.4 脚手架基础必须平整坚实,有排水措施。架体必须搭设在底座(托)或通长脚手板上。脚手架施工操作面必须满铺脚手板,离墙面不得大于0.2m,不得有空隙和探头板、飞跳板。操作面外侧应设一道防护栏杆和挡脚板。内立杆与建筑物距离大于0.15m时必须进行封闭。脚手架施工层操作面下方净空距离超过3.0m时,必须设置一道水平安全网,双排架里口与结构外墙间水平网无法防护时可铺设脚手板。架体必须用阻燃式密目安全网沿外架内侧进行封闭,安全网之间必须连接牢固,封闭严密,并与架体固定。

4.6.7.5 脚手架必须按楼层与结构拉接牢固,拉接点垂直距离不得超过4.0m,水平距离不得超过6.0m,拉接必须使用钢质材料。脚手架必须设置连续剪刀撑。剪刀撑与斜道的设置应符合本指南的有关规定。

4.6.8 钢结构大棚安装

4.6.8.1 项目经理部须编制安全专项方案。

4.6.8.2 项目经理部必须严格按方案组织实施,施工现场应设置警戒区,在醒目位置设置警示、警告标志。

4.6.8.3 高空拼装、焊接、涂装作业时应按规定设置人员通道和作业平台,作业人员按规定正确使用安全帽、安全带等劳动防护用品。

4.6.8.4 起重吊装设备应有检测合格证,吊装前,应有专人对吊点、吊钩、索具、电源等进行检查。

4.6.8.5 已安装的梁、柱在未安装支撑前,应用缆绳等措施固定。

4.6.8.6 钢屋架构件应尽可能在地面组装,并搭设进行临时固定、电焊、高强度螺栓连接等工序的高空安全设施,如在上弦设置防护栏杆,在下弦预先挂设安全网等,随构件同时吊装就位。吊装完毕后,应将安全网铺设固定。

4.6.8.7 大风、雨天时不宜进行露天作业,遇6级以上大风时,严禁吊装和高处作业。严禁在垂直方向上下同时交叉作业。

4.6.8.8 遇大风、雨天时,项目经理部应及时检查已安装的梁、柱、机电设备,确保安全。

4.7 其他

4.7.1 一般规定

4.7.1.1 本章内容为除公路、桥梁、隧道、房建等工程以外的其他工程安全管理要求,包括绿化、交通、机电等工程安全管理的有关规定。

4.7.1.2 绿化、交通、机电等工程的项目经理部必须有固定场所,并满足本指南的驻地建设的相关规定。

4.7.1.3 项目经理部应对所有进场人员及时分类办理实名登记手续,按规定进行岗前培训。

4.7.1.4 项目经理部必须按规定配备专职安全员。项目负责人、专职安全员必须取得安全生产考核合格证书后方可上岗。

4.7.1.5 项目经理部应按规定对作业人员进行安全技术交底。

4.7.1.6 进入现场的车辆须按要求办理通行证,并服从路面施工项目经理部的统一协调和管理。

4.7.1.7 项目经理部应根据本指南管理篇要求制定安全生产管理制度,落实安全生产责任制。

4.7.1.8　质量检测、安全检查、技术指导等非施工作业的人员进入现场时，必须佩戴安全帽，进入相关场所应按规定正确使用相应的劳动防护用品，并按照有关要求进行作业。未佩戴劳动防护用品的相关人员不得在现场从事相关工作，专职安全员有权拒绝其进入现场。

4.7.1.9　检测单位在使用大型设备进行现场检测时，应结合现场环境，有针对性地制订工作方案，采取有效安全防范措施。

4.7.2　绿化、交通、机电工程

4.7.2.1　项目经理部应按施工组织设计及总监办的具体要求组织施工。

4.7.2.2　项目经理部应保证安全生产经费的有效投入，按规定采购施工所需的安全物资，并为作业人员配备安全帽、防护手套、工作鞋、反光背心等基本劳动防护用品。

4.7.2.3　进入施工现场的作业人员必须戴安全帽、穿反光背心。

4.7.2.4　项目经理部应服从现场管理机构的统一管理，进入现场的车辆须持有现场管理机构核发的通行证。

4.7.2.5　起重作业人员须持证上岗，起重设备应具有检测检验合格证。作业时应有专人指挥，无关人员严禁进入吊装现场。

4.7.2.6　室外施工时，应在施工点前方适当位置须设置“前方施工　注意安全”、“进入施工场地　请减速慢行”等可移动的标志牌，必要时应在施工区两端或周围放置路栏、锥形交通路标等。

4.7.2.7　高边坡绿化作业时，项目经理部应采取有效措施，防止作业人员发生意外事故。

4.7.2.8　洒水车应配备鸣警设备，车尾设有警示标志。车辆和驾驶人员必须具有合法有效证件。

4.7.2.9　严禁利用拖拉机、翻斗车等施工机械载人运输。

4.7.2.10　机电工程临时用电须符合本指南通用篇相关要求。

4.7.2.11　标线施工时，应按照设备安全操作规程进行作业，采用热熔标线作业时，应防烫伤。标志标牌施工时，使用的车辆应按规定停放，其周围应设置醒目的警示标志。安装标牌时，应采取高空防护措施。

附录 A　现场管理机构安全管理用表

附表 A-1　安全管理收发文件目录
附表 A-2　安全法律、法规及标准清单
附表 A-3　安全会议签到表
附表 A-4　安全会议记录表
附表 A-5　人员登记表
附表 A-6　安全教育培训登记表
附表 A-7　安全教育培训记录表
附表 A-8　施工安全风险评估完成情况汇总表
附表 A-9　总监办安全生产条件审查表
附表 A-10　工程项目开工安全生产条件审查表
附表 A-11　管线保护登记表
附表 A-12　管线交底记录表
附表 A-13　专家论证的危险性较大的工程汇总表
附表 A-14　总监办安全检查考核表
附表 A-15　项目经理部安全检查考核表
附表 A-16　现场问题通知单
附表 A-17　安全生产费用支付汇总表
附表 A-18　交通运输建设工程生产安全事故快报表

______工程项目

安全管理收发文件目录

附表 A-1

序号	文件来源	文 件 标 题	文件日期	收 发 文 号	页码
1				来:	
				发:	
2				来:	
				发:	
3				来:	
				发:	
4				来:	
				发:	
5				来:	
				发:	
6				来:	
				发:	
7				来:	
				发:	
8				来:	
				发:	
9				来:	
				发:	
10				来:	
				发:	
11				来:	
				发:	

______________工程项目

安全法律、法规及标准清单

附表 A-2

序号	名　　称	生效日期	发布机关
1			
2			
3			
4			
5			
6			
7			
8			
9			
10			
11			
12			
13			
14			
15			
16			
17			
18			
19			
20			
21			
22			
23			
24			
25			
26			

______工程项目

安 全 会 议 签 到 表

附表 A-3

会议名称			会议时间	
会议地点			主 持 人	
组织部门			实到人数	
序号	姓名	单位(部门)	职务(岗位)	联系电话
1				
2				
3				
4				
5				
6				
7				
8				
9				
10				
11				
12				
13				
14				
15				
16				
17				
18				
19				

＿＿＿＿＿＿工程项目

安 全 会 议 记 录 表　　附表 A-4

会议名称		会议时间	
会议地点		主 持 人	
组织部门		记 录 人	

出席对象：

会议主要内容	

____________工程项目

人　员　登　记　表　　　　　　　　附表 A-5

序号	姓名	性别	职务（职称）	身份证号	进场时间	退场时间	备注
1							
2							
3							
4							
5							
6							
7							
8							
9							
10							
11							
12							
13							
14							
15							
16							
17							
18							
19							
20							
21							

____________工程项目

安全教育培训登记表　　　　附表 A-6

序号	培训内容	培训时间	培训地点	培训方式	培训人数	主讲人	备注
1							
2							
3							
4							
5							
6							
7							
8							
9							
10							
11							
12							
13							
14							
15							
16							
17							
18							
19							
20							
21							

______工程项目

安全教育培训记录表　　附表 A-7

组织部门		主讲人	
参加部门		人数	
教育培训主题		学时	
教育培训内容	（可附页）		
与会人员签名			

培训日期：　　　　记录人：

______________工程项目

施工安全风险评估完成情况汇总表

附表 A-8

序号	项目经理部名称	重大风险源名称	评估完成情况	备　注
1				
2				
3				
4				
5				
6				
7				
8				
9				
10				
11				
12				
13				
14				

＿＿＿＿＿＿＿＿工程项目

总监办安全生产条件审查表

附表 A-9

总监办名称：　　　　　　　　　　　　　　　　审查时间：

序号	审 查 内 容	审 查 结 论	备　注
1	安全监理规章制度建立情况		
2	安全监理组织机构建立情况		
3	安全监理人员到位和持证情况		
4	安全监理计划编制审批情况		

审查人员签名：　　　　　　　　　　　　　　　　现场管理机构负责人签名：

______________工程项目

工程项目开工安全生产条件审查表　　　　附表 A-10

项目经理部名称：　　　　　　　　　　审查时间：

序号	审 查 内 容	审 查 结 论	备　注
1	安全生产规章制度及操作规程建立情况		
2	安全管理组织机构建立情况		
3	安全管理人员到位和持证情况		
4	施工组织设计中安全技术措施和临时用电方案编制审批情况		
5	危险性较大的工程安全专项方案编制计划报批情况		
6	安全生产费用投入计划报批情况		

审查人员签名：　　　　　　　　　　现场管理机构负责人签名：

________工程项目

管线保护登记表

附表 A-11

序号	位置		名称	规格	状况	权属单位	联系人及电话	保护责任单位	负责人及电话	保护措施	备注
	标段	桩号									
1											
2											
3											
4											
5											
6											
7											
8											
9											
10											
11											
12											
13											

______工程项目

管 线 交 底 记 录 表

附表 A-12

交底名称		交底时间	
交底单位		被交底单位	

交底内容:(可附页)

现场管理机构	总监办	项目经理部
签名:	签名:	签名:

注:此表一式三份,现场管理机构、总监办、项目经理部各一份。

______________工程项目

专家论证的危险性较大的工程汇总表

附表 A-13

序号	总监办	项目经理部名称	危险性较大的工程名称	备注
1				
2				
3				
4				
5				
6				
7				
8				
9				
10				
11				
12				
13				
14				
15				
16				

附表 A-14

________工程项目
总监办安全检查考核表

检查单位：　　　　受检单位：

考核内容	考核标准	考核方法	分值	扣分	实得分
各项安全生产制度文件建设情况	未以正式文件形式建立各项制度，扣15分；制度建设少一项，扣1分；上级文件未转发，扣5分/次	查单位发文	15		
	制度文件中的职责未落实到部门和责任人，扣1～7分				
	未根据项目特点补充完善更新制度，扣2分/项				
安全生产管理组织机构情况	未组建安全生产监理领导小组，扣15分	查单位发文	15		
	未配置必要的安全监理人员，扣15分				
安全检查和旁站记录情况	安全检查：未制定各项安全检查计划，扣15分	查记录	15		
	安全检查：无各类安全检查的记录或记录不全，扣1～10分				
	安全检查：发现存在安全事故隐患的，无整改通知和回复记录，扣2分/次				
	旁站监督：无对危险性较大的工程及作业的旁站监督记录或不全，扣2分/次				
	旁站监督：无日常旁站记录或记录不全，扣1～10分				
审查安全专项施工方案情况	未参与安全专项施工方案审查会议，扣1～15分	查记录、查档案资料	15		
	组织职责范围内的安全方案的审查没有或缺失，扣1～15分；方案种类少一项，扣2分(15分封顶)				
应急预案编制情况	未审查应急预案，扣12分	查记录、查档案资料	12		
	审查应急预案记录不全，扣1～5分				
安全生产费用的审核情况	无安全经费使用检查记录，扣12分	查记录	12		
	对施工单位安全经费的审批没有留存记录或记录不全，扣1～6分				
	对施工单位的安全专项经费申请报告未经审核即批准上报，扣1～6分				
教育培训情况	无相关人员安全教育培训记录，扣8分	查记录	8		
	安全教育培训记录次数不符合标准，扣1～8分；次数少一次，扣1分(6分封顶)				
监理档案建立情况	未确定专门人员进行安全资料的汇总、管理，扣8分	查记录	8		
	安全档案内容不完整，扣1～4分				
	《安全监理日志》记录不完整，扣1～4分				
合　计			100		

检查时间：　　　　检查人：

______工程项目

项目经理部安全检查考核表

附表 A-15

检查单位：　　　　　　　　　　受检单位：

考核内容		考核标准	考核方法	分值	扣分	实得分
安全生产管理资料（40%）	各项安全生产制度建设情况	未以正式文件发布各项制度，扣15分；制度建设少一项，扣2分	查单位发文	15		
		制度文件中的职责未落实到部门和责任人，扣1～7分				
		未根据项目特点补充完善更新制度，扣1～7分				
	安全生产组织机构情况	企业未按规定设置安全生产管理机构或配备专职安全生产管理人员，扣15分，人数少一名扣10分	查单位发文	15		
		各级未配备足够的专、兼职安全生产管理人员，扣1～7分；人数少一名，扣5分				
	安全检查记录情况	未制定各项安全检查计划，扣15分	查记录	15		
		无各类安全检查记录或记录不全，扣1～10分				
		安全隐患未按监理要求进行整改，扣1～10分				
	编制安全专项施工方案，组织安全技术交底情况	未保留安全检查、整改通知及回复记录，扣5～15分	查记录、查档案资料	15		
		编制安全专项施工方案种类不符合《交通工程建设项目安全专项方案目录及审查要求》，扣1～10分；方案种类少一项，扣1分（10分封顶）				
		无安全技术交底记录或不全，扣1～10分				
	应急预案编制及演练情况	未审查应急预案，扣12分	查记录、查档案资料	10		
		审查应急预案记录不全，扣1～6分				
	合理使用安全生产费用及办理保险情况	未严格按照经费使用办法进行费用使用，扣1～10分	查档案资料	10		
		费用使用相关发票等证明不全或无，扣1～5分				
		未给全体施工现场的人员办理保险，扣1～5分				
	教育培训情况	无相关培训记录，扣10分		10		
		安全教育培训次数不符合要求，扣1～10分；次数少一次，扣4分	查记录			
	安全管理资料建立情况	安全管理资料不完备，扣2分/处	查档案资料	10		
		未确定专门人员进行安全资料的汇总、管理，扣5分				

续上表

考核内容			考核标准	考核方法	分值	扣分	实得分
现场检查（60%）	人员安全操作情况	人员资质	作业人员无证上岗，扣 10 分/人	现场随机检查	50		
		人员操作	作业人员操作不符合规范，扣 5 分/人				
		安全防护	安全防护不符合规范，扣 10 分/处				
	设备与设施管理情况	大型设备管理	无专人管理，扣 5 分/次，（5 分封顶）	现场随机检查	20		
			设备使用时无人做现场维护，扣 5 分/次				
		特种设备管理	无专人管理，扣 5 分/次				
			设备使用时无人做现场维护，扣 5 分/次				
		机械设备安全检验管理	起重设备、特种设备未经专业机构检验合格就投入施工，扣 10 分/台				
			无生产许可证和产品合格证或证件不齐全，扣 10 分/处				
			现场机械设备未按期复检，扣 10 分/处				
	作业环境安全情况	施工场所安全条件	施工场所粉尘、毒物、噪声等未达到有关安全标准的要求，扣 5 分/处	现场随机检查	30		
			施工现场生活区、办公区、施工区设置不符合有关规定要求，扣 5 分/处				
			施工现场未按要求进行封闭围挡，扣 5 分/处				
			未按照标准要求配置安全宣传标语，扣 5 分/处				
			未按照要求设置警示牌、指示牌、公告牌及各种标志，扣 5 分/处				
			施工现场未按规定封闭管理，扣 5 分/处				
			施工现场未按规定配备灭火器材，扣 5 分/处				
			警示、警告标识不符合安全色与安全标志规定要求，扣 5 分/处				
		施工用电安全	外电防护措施不符合要求、封闭不严密的，扣 5 分/处	现场随机检查			
			搭铁与接零保护系统不符合要求，扣 5 分/处				
			配电箱、开关箱设置与使用，配电线路不符合要求，扣 5 分/处				
			变配电装置不符合安全规定，扣 5 分/处				
			现场照明不符合施工安全要求，扣 5 分/处				
合　计				100			

检查时间：　　　　　　　　　　　　检查人：

_____________工程项目

现 场 问 题 通 知 单

附表 A-16

检查部门		检查时间	
受检查单位			

存在问题：

限期整改时间		受检单位负责人签字	
检查人员签字			
复查意见	复查人：　　　　年　　月　　日		
备注：			

注：本表一式两份，检查双方各执一份。

______________工程项目

安全生产费用支付汇总表　　　　附表 A-17

项目经理部名称：

序号	日期	本期申报安全费用（元）	本期审批金额（元）	累计支付金额（元）	支付证书编号	备注
1						
2						
3						
4						
5						
6						
7						
8						
9						
10						
11						
12						
13						
14						
15						
16						
17						
18						
19						
20						

______________工程项目

交通运输建设工程生产安全事故快报表

附表 A-18

填报单位：

事故基本情况			
事故发生时间	年 月 日 时 分	天气气候	
工程分类及等级、建设类型		工程名称及所在地	
事故发生部位		事故类别	
工程概况			
事故简要经过和抢险救援情况			
原因初步分析			
预估直接经济损失（万元）			
人员伤亡情况			
死亡人员数量(人)		死亡人员类型	
失踪人员数量(人)		失踪人员类型	
重伤人员数量(人)		重伤人员类型	
从业单位基本信息			
建设单位		设计单位	
施工单位		监理单位	

单位负责人：　　　　　　填表人：

联系电话：　　　　　　填报时间：　年　月　日　时　分

附录 B　总监办安全管理用表

附表 B-1　安全管理收发文件目录
附表 B-2　安全法律、法规及标准清单
附表 B-3　安全会议签到表
附表 B-4　安全会议记录表
附表 B-5　人员登记表
附表 B-6　安全教育培训登记表
附表 B-7　安全教育培训记录表
附表 B-8　工程项目开工安全生产条件审查表
附表 B-9　分部分项工程开工安全生产条件审查表
附表 B-10　现场问题通知单
附表 B-11　现场问题整改回复单
附表 B-12　停工指令
附表 B-13　复工指令
附表 B-14　旁站记录表
附表 B-15　安全监理交底记录表
附表 B-16　安全监理日志
附表 B-17　安全监理月报
附表 B-18　监理工程师申报表(通用)
附表 B-19　监理工程师通知(通用)

________工程项目

承包单位：________　　合同号：________

监理单位：________　　编　号：________

安全管理收发文件目录　　附表 B-1

序号	文件来源	文 件 标 题	文件日期	收 发 文 号	页码
1				来：	
				发：	
2				来：	
				发：	
3				来：	
				发：	
4				来：	
				发：	
5				来：	
				发：	
6				来：	
				发：	
7				来：	
				发：	
8				来：	
				发：	
9				来：	
				发：	
10				来：	
				发：	

______工程项目

承包单位：______　　合同号：______

监理单位：______　　编　号：______

安全法律、法规及标准清单　　附表 B-2

序号	名　称	生效日期	发布机关
1			
2			
3			
4			
5			
6			
7			
8			
9			
10			
11			
12			
13			
14			
15			
16			
17			
18			
19			
20			

________工程项目

承包单位:________ 合同号:________

监理单位:________ 编　号:________

安全会议签到表 附表 B-3

会议名称			会议时间	
会议地点			主 持 人	
组织部门			实到人数	
序号	姓名	单位(部门)	职务(岗位)	联系电话
1				
2				
3				
4				
5				
6				
7				
8				
9				
10				
11				
12				
13				
14				
15				
16				
17				

______工程项目

承包单位:______　　合同号:______

监理单位:______　　编　号:______

安全会议记录表　　附表 B-4

会议名称		会议时间	
会议地点		主 持 人	
组织部门		记 录 人	

出席对象:

会议主要内容	

______工程项目

承包单位：______ 合同号：______

监理单位：______ 编　号：______

人 员 登 记 表

附表 B-5

序号	姓名	性别	职务（职称）	身份证号	进场时间	退场时间	备注
1							
2							
3							
4							
5							
6							
7							
8							
9							
10							
11							
12							
13							
14							
15							
16							
17							
18							
19							
20							

______工程项目

承包单位：______　　合同号：______

监理单位：______　　编　号：______

安全教育培训登记表　　附表 B-6

序号	培训内容	培训时间	培训地点	培训方式	培训人数	主讲人	备注
1							
2							
3							
4							
5							
6							
7							
8							
9							
10							
11							
12							
13							
14							
15							
16							
17							
18							
19							
20							

＿＿＿＿＿＿工程项目

承包单位：＿＿＿＿＿＿＿＿＿＿＿＿ 合同号：＿＿＿＿＿＿＿＿

监理单位：＿＿＿＿＿＿＿＿＿＿＿＿ 编　号：＿＿＿＿＿＿＿＿

安全教育培训记录表

附表 B-7

组织部门		主讲人	
参加部门		人数	
教育培训主题		学时	
教育培训内容	（可附页）		
与会人员签名			

培训日期：　　　　　　　　　　　　　　记录人：

______________工程项目

承包单位：______________________________　　合同号：____________________

监理单位：______________________________　　编　号：____________________

工程项目开工安全生产条件审查表

附表 B-8

项目经理部名称：　　　　　　　　　　　　审查时间：

序号	审 查 内 容	审 查 结 论	备　注
1	安全生产规章制度及操作规程建立情况		
2	安全管理组织机构建立情况		
3	安全管理人员到位和持证情况		
4	施工组织设计中安全技术措施和临时用电方案编制审批情况		
5	危险性较大分部分项工程专项施工方案编制计划报批情况		
6	安全生产费用投入计划报批情况		

审查人员：　　　　　　　　　　　　总监理工程师：

________工程项目

承包单位：________________　　合同号：________________

监理单位：________________　　编　号：________________

分部分项工程开工安全生产条件审查表

附表 B-9

项目经理部名称：　　　　　　　　　　　　审查时间：

序号	审 查 内 容	审 查 结 论	备　注
1	安全专项方案审批情况		
2	特种作业人员持证情况		
3	特种设备检测情况		
4	其他机械设备验收情况		
5	施工人员岗前教育情况		
6	安全技术交底情况		
7	施工现场安全措施落实情况		
8	临时用电情况		
9	劳动防护用品配置情况		

审查人员：　　　　　　　　　　　　总监理工程师：

________工程项目

承包单位:______________　　合同号:______________

监理单位:______________　　编　号:______________

现场问题通知单　　附表 B-10

致(承包人)__________

经检查发现你部存在以下问题:

限于　　年　　月　　日前完成整改,并将整改情况报总监办。

签发人:

年　　月　　日

签收意见:

签收人:

年　　月　　日

注:本表一式两份,检查双方各执一份。

____________工程项目

承包单位：________________________ 合同号：________________

监理单位：________________________ 编　号：________________

现场问题整改回复单 附表 B-11

致(现场管理机构负责人)：________

______年___月___日___时收到____________号“现场问题通知单”，现已按照通知要求整改完毕，回复如下：

请尽快组织复查。

附件材料：(现场安全施工图片、整改证明材料等)

总监理工程师：

年　月　日

复查意见：

复查负责人：

年　月　日

注：本表一式两份，检查双方各执一份。

______工程项目

承包单位：______　　　　合同号：______

监理单位：______　　　　编　号：______

停 工 指 令　　　　附表 B-12

致(承包人)______：

由于______的原因。

根据合同有关条款，现通知你截止于______年______月______日______时起对______工程暂停施工。在没有收到我或我的授权人签发的复工指令前不准复工。

总监理工程师：

年　月　日

承包人签收：

承包人：

年　月　日

注：重大停工指令须经现场管理机构同意后签发。

______工程项目

承包单位：______ 合同号：______

监理单位：______ 编　号：______

复 工 指 令

附表 B-13

致(承包人)______：

鉴于第______号工程暂停指令所述工程的工程暂停因素已消除，请你于______年______月______日______时起对______工程恢复施工，根据造成工程暂停的原因和合同规定的责任：

1. 于此日起开始计算你的工期，直到后面的暂停或竣工。

2. 合同工期不变，由指令变更的工期延长除外。

附：第　　　号复工申请。

备注：

总监理工程师：

年　　月　　日

承包人签收：

承包人：

年　　月　　日

____________工程项目

承包单位：________________________　合同号：________________

监理单位：________________________　编　号：________________

旁 站 记 录 表

附表 B-14

旁站监理		日　期	
到场时间		离场时间	
天　气		部位或桩	
旁站工序 或主要工作内容			
施工过程简述			
监理工作简述			
主要数据记录			
发现问题 及处理结果			

__________工程项目

承包单位：______________________　　合同号：______________

监理单位：______________________　　编　号：______________

安全监理交底记录表　　附表 B-15

交底项目			
交底人		交底时间	

交底主要内容(可附页)：

接受交底人签名：

注：总监理工程师向专业监理工程师交底，专业监理工程向监理员交底，要求必须交底到每一个监理人员，并由双方签字确认，留下相关书面记录。

________工程项目

承包单位：________　　　　合同号：________

监理单位：________　　　　编　号：________

安 全 监 理 日 志

附表 B-16

记录人		日　期	
审核人		日　期	
天　气			
各合同段主要施工项目简述			
监理机构主要工作简述（审批、验收、旁站、指令、会议等）			
就有关问题与建设单位、施工单位等进行澄清或处理的情况简述			

________工程项目

承包单位：________________ 合同号：________________

监理单位：________________ 编　号：________________

安全监理月报 附表 B-17

主要方面	报告内容		
人员安全教育培训			
特种作业人员持证			
特种机械设备检测			
安全会议			
安全专项方案审批			
安全生产费用投入及使用			
现场安全措施落实			
安全检查及整改			
下月安全监理工作计划			
总监签名		报出日期	

注：以上内容应量化填报。

______工程项目

承包单位：______　　合同号：______

监理单位：______　　编　号：______

监理工程师申报表（通用）　　附表 B-18

致（现场管理机构）______：

事由：

总监理工程师：

年　月　日

附件：

现场管理机构意见：

负责人：

年　月　日

注：本表适用于没有专用表格，但根据总监办安全管理要求，必须书面向现场管理机构提出的申请、报审、报批、请示、申报、报告以及备案等。

____________工程项目

承包单位：____________________ 合同号：________________

监理单位：____________________ 编　号：________________

监理工程师通知（通用） 附表 B-19

致（承包人）________________：

事由：

通知内容：

通知人职位 总监/专业监理工程师 签字______________ 日期______________

注：本表适用于没有专用表格，而又必须以书面通知给承包人的任何意见、批准、指示和决定等。

附录 C　项目经理部安全管理用表

附表 C-1　安全管理收发文件目录
附表 C-2　工程项目开工安全生产条件自查表
附表 C-3　分部分项工程开工安全生产条件自查表
附表 C-4　安全法律、法规及标准清单
附表 C-5　安全会议签到表
附表 C-6　安全会议记录表
附表 C-7　三级安全教育卡
附表 C-8　安全教育培训登记表
附表 C-9　安全教育培训记录表
附表 C-10　危险源辨识登记表
附表 C-11　危险源清单
附表 C-12　危险源检查记录表
附表 C-13　危险性较大的工程清单
附表 C-14　安全技术交底记录表
附表 C-15　整改通知单
附表 C-16　整改回复单
附表 C-17　安全检查记录表
附表 C-18　现场问题整改回复单
附表 C-19　复工申请
附表 C-20　隐患排查登记表
附表 C-21　人员登记表
附表 C-22　安全管理人员登记表
附表 C-23　特种作业人员登记表
附表 C-24　劳动防护用品发放登记表
附表 C-25　安全物资采购验收记录表
附表 C-26　临时用电安装验收记录表
附表 C-27　电工巡视维修记录表
附表 C-28　消防设施配置情况一览表
附表 C-29　重点防火部位责任人一览表

附表 C-30　机械设备登记表
附表 C-31　机械设备验收记录表
附表 C-32　机械设备维护保养记录表
附表 C-33　安全生产费用使用总体计划表
附表 C-34　安全生产费用使用(________月)计划表
附表 C-35　安全生产费用使用(________月)记录表
附表 C-36　安全生产考核奖(惩)记录表
附表 C-37　交通运输建设工程生产安全事故快报表
附表 C-38　承包人申报表(通用)
附表 C-39　安全专项方案报审表
附表 C-40　支架(脚手架)验收记录表

＿＿＿＿＿＿工程项目

承包单位：＿＿＿＿＿＿＿＿＿＿　　合同号：＿＿＿＿＿＿＿＿

监理单位：＿＿＿＿＿＿＿＿＿＿　　编　号：＿＿＿＿＿＿＿＿

安全管理收发文件目录　　附表 C-1

序号	文件来源	文件标题	文件日期	收发文号	页码
1				来： 发：	
2				来： 发：	
3				来： 发：	
4				来： 发：	
5				来： 发：	
6				来： 发：	
7				来： 发：	
8				来： 发：	
9				来： 发：	
10				来： 发：	

________工程项目

承包单位：________ 合同号：________

监理单位：________ 编　号：________

工程项目开工安全生产条件自查表 附表 C-2

序号	自 查 内 容	自 查 结 论	备　注
1	安全生产规章制度及操作规程建立情况		
2	安全管理组织机构建立情况		
3	安全管理人员到位和持证情况		
4	施工组织设计中安全技术措施和临时用电方案编制审批情况		
5	危险性较大分部分项工程专项施工方案编制计划报批情况		
6	安全生产费用投入计划报批情况		

检查人： 日期： 项目经理：

______工程项目

承包单位：______　　合同号：______

监理单位：______　　编　号：______

分部分项工程开工安全生产条件自查表　　附表 C-3

序号	审查内容	审查结论	备　注
1	安全专项方案审批情况		
2	特种作业人员持证情况		
3	特种设备检测情况		
4	其他机械设备验收情况		
5	施工人员岗前教育情况		
6	安全技术交底情况		
7	施工现场安全措施落实情况		
8	临时用电设置情况		
9	劳动防护用品配置情况		

检查人：　　日期：　　项目经理：

________工程项目

承包单位：________ 合同号：________

监理单位：________ 编　号：________

安全法律、法规及标准清单　　附表 C-4

序号	名　称	生效日期	发布机关
1			
2			
3			
4			
5			
6			
7			
8			
9			
10			
11			
12			
13			
14			
15			
16			
17			
18			
19			
20			

________工程项目

承包单位:________　　合同号:________

监理单位:________　　编　号:________

安全会议签到表

附表C-5

会议名称			会议时间	
会议地点			主持人	
组织部门			实到人数	
序号	姓名	部门(施工队)	职务(岗位)	联系电话
1				
2				
3				
4				
5				
6				
7				
8				
9				
10				
11				
12				
13				
14				
15				
16				
17				

______工程项目

承包单位：______ 合同号：______

监理单位：______ 编　号：______

安全会议记录表 附表 C-6

会议名称		会议时间	
会议地点		主 持 人	
组织部门		记 录 人	

出席对象：

会议主要内容	

______工程项目

承包单位:________　　合同号:________

监理单位:________　　编　号:________

三级安全教育卡

姓　　名:________　　身份证号码:________

单位名称:________　　岗位(工种):________

建卡日期:________　　进 场 日 期:________

附表 C-7

三级教育内容		签字栏	
公司级	进行安全基本知识、法规、法制教育,主要内容: 1. 党和国家的安全生产方针、政策; 2. 安全生产法规、标准和法制观念; 3. 本单位施工工程及安全规章制度; 4. 本单位安全生产形势及历史上发生的重大安全事故及应吸取的教训; 5. 发生事故后如何抢救伤员,排险,保护现场并及时进行报告	教育人	被教育人
		年　月　日	
项目部级	进行现场规章制度和遵章守纪教育,主要内容: 1. 本工程项目施工特点及现场的主要危险源分布; 2. 本项目(包括施工、生产现场)安全生产制度、规定及安全常识、注意事项; 3. 本工种的安全操作技术规程; 4. 高处作业、机械设备、电气安全基础知识; 5. 防火、防毒、防尘、防爆知识及紧急情况安全处置和安全疏散知识; 6. 防护用品发放标准及防护用品、防护用具使用的基本知识	教育人	被教育人
		年　月　日	
班组级	进行本岗位安全操作及班组安全制度、纪律,主要内容: 1. 本班组作业特点及安全操作规程; 2. 班组安全活动制度及纪律; 3. 爱护和正确使用安全防护装置(设施)及个人劳动防护用品; 4. 本岗位发生安全事故的不安全因素及防范对策; 5. 本岗位的作业环境及使用机械、工具的安全要求	教育人	被教育人
		年　月　日	

注:三级教育内容应根据实际情况填写。

______工程项目

承包单位：______ 合同号：______

监理单位：______ 编　号：______

安全教育培训登记表　　附表 C-8

序号	培训内容	培训时间	培训地点	培训方式	培训人数	主讲人	备注
1							
2							
3							
4							
5							
6							
7							
8							
9							
10							
11							
12							
13							
14							
15							
16							
17							
18							
19							
20							

______工程项目

承包单位：______　　合同号：______

监理单位：______　　编　号：______

安全教育培训记录表

附表C-9

组织部门		主讲人	
参加部门（施工队）		人数	
教育培训主题		学时	
教育培训内容	（可附页）		
与会人员签名			

培训日期：　　　　记录人：

__________工程项目

承包单位:____________________ 合同号:____________________

监理单位:____________________ 编　号:____________________

附表 C-10

危险源辨识登记表

序号	过程（区域）	行为(活动)设备或环境	潜在危险因素	可能导致的结果	风险评价					备注
					L	E	C	D	危险等级	
1										
2										
3										
4										
5										
6										
7										
8										
9										
10										

注:L 表示事故或危险事件发生可能性;E 表示暴露于危险环境的频繁程度;C 表示发生事故产生的后果;D 表示风险性。

______工程项目

承包单位:______　合同号:______

监理单位:______　编　号:______

危险源清单

附表 C-11

序号	危险源名称	级　别	过程(区域)	行为(活动)设备或环境	潜在危险因素	可能导致的结果	控制措施	备注
1								
2								
3								
4								
5								
6								
7								
8								
9								
10								
11								
12								

______工程项目

承包单位：______　　　　合同号：______

监理单位：______　　　　编　号：______

危险源检查记录表

附表 C-12

日　期	危险源名称	危险源级别	责　任　人	存在隐患及问题	整　改　措　施	整改期限	检查人
					复查情况		
					复查情况		
					复查情况		
					复查情况		

______工程项目

承包单位:______　　合同号:______

监理单位:______　　编　号:______

危险性较大的工程清单　　附表C-13

序号	危险性较大的工程名称	监 理 审 查	专 家 论 证
1			
2			
3			
4			
5			
6			
7			
8			
9			
10			
11			
12			
13			
14			
15			
16			
17			
18			
19			
20			

注:此表作为承包人申报表(通用)的附件上报。

______工程项目

承包单位：______ 合同号：______

监理单位：______ 编　号：______

安全技术交底记录表

附表 C-14

交底工序或工程名称		交底时间	
参加对象及人数	共　人	交底人	
交底地点		记录人	

交底主要内容：

接受交底人签名：

注：要求必须交底到每一个现场作业人员，并由双方签字确认，留下相关书面记录。

______工程项目

承包单位:______　　合同号:______

监理单位:______　　编　号:______

整 改 通 知 单　　附表 C-15

致:______

经检查发现你(部门、施工队、班组)存在以下问题:

限于　　年　　月　　日前完成整改,并将整改情况报项目经理部。

签发人:

年　　月　　日

签收意见:

签收人:

年　　月　　日

注:本表一式两份,检查双方各执一份。

__________工程项目

承包单位：____________________ 合同号：________________

监理单位：____________________ 编　号：________________

整 改 回 复 单

附表 C-16

致(项目经理)：__________________

_____年_____月_____日_____时收到_____________号“整改通知单”，现已按照通知要求整改完毕，回复如下：

请尽快组织复查。

附件材料：(现场安全施工图片、整改证明材料等)

负责人：

年　月　日

复查意见：

复查人：

年　月　日

注：本表一式两份，检查双方各执一份。

______工程项目

承包单位：______ 合同号：______

监理单位：______ 编 号：______

安全检查记录表 附表C-17

检查单位		检查日期	
被检查单位		负责人	
参与检查人员			
检查形式	定期检查□ 不定期检查□ 日常巡查□ 其他□		

检查内容：

存在问题：

处理意见	检查负责人： 年 月 日

__________工程项目

承包单位：____________________ 合同号：________________

监理单位：____________________ 编　号：________________

现场问题整改回复单　　附表 C-18

致(总监理工程师)：____________

_____年_____月_____日_____时收到____________号“现场问题通知单”，现已按照通知要求整改完毕，回复如下：

请尽快组织复查。

附件材料：(现场安全施工图片、整改证明材料等)

项目经理：

年　　月　　日

复查意见：

复查负责人：

年　　月　　日

注：本表一式两份，检查双方各执一份。

____________工程项目

承包单位：____________________________　　合同号：__________________

监理单位：____________________________　　编　号：__________________

复 工 申 请

附表C-19

致(总监理工程师)________________：

签于第______号工程暂时停工指令所指________________________工程的停工因素已经消除，特报请批准复工。

附件：具备复工条件的情况说明

项目经理：

年　　月　　日

总监办意见：

☐具备复工条件
☐不具备复工条件
☐满足上述意见提出的条件后再报

总监理工程师：

年　　月　　日

注：1. 本表用于指令暂停工程的复工申请。
2. 申请批准后，根据总监办签发的复工指令执行。

______工程项目

承包单位：______ 合同号：______

监理单位：______ 编　号：______

附表 C-20

隐患排查登记表

序号	隐患名称	存在部位（环节）	隐患类别	可能导致的事故类型	控制要点	责任人	整改完成时间	整改情况	复查意见
1									
2									
3									
4									
5									
6									
7									
8									
9									
10									
11									

排查时间：　　　　排查人员：　　　　项目经理：

______工程项目

承包单位:______　　合同号:______

监理单位:______　　编　号:______

人 员 登 记 表

附表C-21

单位(部门):

序号	姓名	性别	职务(岗位)	身份证号	进场时间	退场时间	备注
1							
2							
3							
4							
5							
6							
7							
8							
9							
10							
11							
12							
13							
14							
15							
16							
17							
18							

注:1. 所有人员须进行实名登记。

2. 按项目经理部、各施工队(班组)分类登记。

3. 身份证复印件按序号附后。

______工程项目

承包单位:______ 合同号:______

监理单位:______ 编　号:______

安全管理人员登记表

附表 C-22

序号	姓名	性别	身份证号	职务	证书编号	发证单位	发证时间	有效期至	备注
1									
2									
3									
4									
5									
6									
7									
8									
9									
10									
11									
12									

注:项目经理部安全管理人员是指项目经理、项目副经理、项目总工程师、专职安全员。

______工程项目

承包单位：______　　合同号：______

监理单位：______　　编　号：______

特种作业人员登记表

附表 C-23

序号	姓名	性别	身份证号	作业类别	证书编号	发证部门	发证时间	下次复审时间	进场时间	离场时间	备注
1											
2											
3											
4											
5											
6											
7											
8											
9											
10											
11											
12											
13											

__________工程项目

承包单位：__________ 合同号：__________

监理单位：__________ 编　号：__________

劳动防护用品发放登记表

附表 C-24

序号	安全防护用品名称	领 用 单 位	领 用 人	时 间	备 注
1					
2					
3					
4					
5					
6					
7					
8					
9					
10					
11					
12					
13					
14					
15					
16					
17					
18					
19					
20					

____________工程项目

承包单位：____________　合同号：____________

监理单位：____________　编　号：____________

安全物资采购验收记录表

附表 C-25

序号	物资名称	规格型号	单位	数量	验收内容	验收结果	验收人	验收日期
1								
2								
3								
4								
5								
6								
7								
8								
9								
10								
11								
12								

注：验收内容包括购物发票复印件、合格证或质保书、检测资料等证明材料。

________工程项目

承包单位：________ 合同号：________

监理单位：________ 编　号：________

临时用电安装验收记录表 附表 C-26

序号	验收项目	验收内容	验收结果
1	临时用电施工组织设计	是否按临时施工用电组织设计要求实施总体布设	
2	外电线路及电气设备防护	不得在外电架空线路下施工、搭设作业棚、建造生活设施或堆放构件、架具、材料及其他杂物等；外电架空线路与在建工程周边、机动车道、吊装设备安全距离符合相关规定；电气设备现场周围不得存放易燃、易爆物和腐蚀介质	
3	搭铁与防雷	严禁搭铁接零混接，搭铁体符合要求，两根之间距离不小于 2.5m，电阻值为 4Ω，搭铁体严禁用螺纹钢。施工现场的大型设备及钢脚手架等金属结构设施按规定安装防雷装置	
4	配电室及自备电源	配电室布置符合相关规定要求，配电间安全防护措施和安全用具、警告标志齐全；配电间门要朝外开，配电柜、发电机供电系统装设电源隔离开关及短路、过载、漏电保护器。发电机组、配电室内必须配置灭火器材	
5	配电线路	架空线必须采用绝缘导线，架设在专用电杆上，严禁架设在树木、脚手架及其他设施上。架空线路有短路、过载保护。配电箱引入引出线要采用套管或横担；进出电线要排列整齐、匹配合理；严禁使用绝缘差、老化、破皮电缆线，防止漏电；电缆线路采用埋地或架空敷设，架空敷设应采用绝缘子固定，绑扎线采用绝缘线；线路过道要有可靠的保护；线路直接埋地，敷设深度不小于 0.7m，引出地面从 2m 高度至地下 0.2m 处，必须加设防护套管	
6	配电箱及开关箱	配电箱、开关箱装设端正、牢固，固定式电箱中心点与地面垂直距离 1.4～1.6m，移动式电箱中心点与地面垂直距离 0.8～1.6m，电箱有防雨措施，门锁齐全；进出线有绝缘护套，金属电箱外壳要有保护，箱内电气装置齐全可靠，进线口和出线口设在箱体的下底面。开关箱要符合一机一闸一保险，箱内无杂物、不积灰；配电箱与开关箱之间距离为 30m 左右，用电设备与开关箱超过 3m 应加随机开关，箱内严禁动力、照明混用	
7	电动建筑机械手持电动工具	电动建筑机械及手持电动工具安全用电装置齐全；负荷线为橡皮护套铜芯软电缆；控制开关严禁使用手动双向转换开关	
8	现场照明	手持照明灯应使用 36V 以下安全电压；危险场所使用 36V 安全电压，特别危险场所采用 12V；照明导线应固定在绝缘子上；现场照明灯要用绝缘橡胶套电缆，生活照明采用护套绝缘导线；照明线路及灯具距地面不能小于规定距离，严禁使用电炉；防止电线绝缘差、老化、破皮、漏电，严禁用碘钨灯取暖	
	验收意见		
	验收人员签字		日期

＿＿＿＿＿＿工程项目

承包单位：＿＿＿＿＿＿＿＿＿＿＿＿　合同号：＿＿＿＿＿＿＿＿

监理单位：＿＿＿＿＿＿＿＿＿＿＿＿　编　号：＿＿＿＿＿＿＿＿

电工巡视维修记录表

附表C-27

电工姓名		巡视维修时间		项目经理		日期	

序号	巡视检查项目	巡视检查内容	发现隐患	维修部位
1	工地附近高压线防护	按防护方案进行防护并做到严密，安全可靠		
2	搭铁与接零保护系统	工作搭铁、重复搭铁、保护零线正确、牢固可靠。重复搭铁不少于3处； 工作搭铁电阻不大于4Ω，重复搭铁电阻不大于10Ω。保护零线引出正确，并单独敷设不作他用，采用绿/黄双色线其截面相同是相线的1/2		
3	配电箱开关箱	总配电箱中应在电源隔离开关的负荷侧装置漏电保护器，并灵敏可靠； 分配电箱设置正确并与开关箱距离不大于30m； 开关箱（一机一闸一漏一箱）漏电保护装置在设备负荷侧，灵敏可靠，并距离设备不大于3m； 固定电箱安装位置正确，高度在1.4～1.6m； 移动电箱安装高度在0.8～1.6m； 电箱底进出线，不混乱，箱内无杂物，有门有锁，有防雨措施。闸具齐全完好		
4	现场照明	现场照明回路有漏电保护器，并灵敏可靠； 灯具金属外壳已做接零保护。室内灯具安装高度大于2.4m，低于2.4m使用安全电压供电。手持照明灯具使用36V以下照明		
5	配电线路	电线无老化、破皮，有线路过道保护，并在电杆上用横担固定，绝缘子分档架设； 架空线路架在专用电杆上，严禁架在树木、脚手架上。架空线路符合规范要求并已使用五芯电缆架设或埋地，并符合要求		
6	电器装置	闸具、熔断器参数与设备容量匹配，没有用其他金属丝代替熔断丝		
7	变配电装置	露天变压器设置符合规定要求，配电间符合规范要求，并有可靠安全的防护设施，及正确悬挂警告标志，门应朝外开，有锁； 变配电室内不得堆放杂物，并设有消防器材； 发电机组及其配电室内严禁存放储油桶，发电机设有短路、负荷保护		
8	其他	除以上内容发现的其他隐患		

注：现场电工每日巡检，项目经理每周签认。

________工程项目

承包单位：________ 合同号：________

监理单位：________ 编　号：________

消防设施配置情况一览表　　附表 C-28

序号	位　置	设施名称	单　位	数　量	备　注
1					
2					
3					
4					
5					
6					
7					
8					
9					
10					
11					
12					
13					
14					
15					
16					
17					
18					
19					
20					

______工程项目

承包单位：______　　合同号：______

监理单位：______　　编　号：______

重点防火部位责任人一览表　　附表 C-29

序号	重点防火部位	责 任 人	备　注
1			
2			
3			
4			
5			
6			
7			
8			
9			
10			
11			
12			
13			
14			
15			
16			
17			
18			
19			
20			

______工程项目

承包单位:______ 合同号:______

监理单位:______ 编　号:______

机械设备登记表 附表 C-30

类别:

序号	设备名称	规格型号	使用地点	检测(验收)情况	进场时间	撤场时间	操作责任人	备注
1								
2								
3								
4								
5								
6								
7								
8								
9								
10								
11								
12								
13								
14								
15								
16								
17								
18								

注:此表按特种设备、关键设备、主要设备、一般设备分类登记。

______工程项目

承包单位:______　　合同号:______

监理单位:______　　编　号:______

机械设备验收记录表

附表C-31

名称		编号		使用地点	
类别	特种设备□　关键设备□　主要设备□　一般设备□				

验收项目	验收内容(要求)	检查情况	验收结果
1			
2			
3			
4			
5			
6			
7			
8			
9			
10			
11			

验收意见:

验收人员:

年　　月　　日

______工程项目

承包单位：________________ 合同号：________________

监理单位：________________ 编　号：________________

机械设备维护保养记录表　　附表 C-32

类别：

名　称	牌号(型号)	操作手(责任人)
维护保养时间	维护保养内容	备注
1		
2		
3		
4		
5		
6		
7		
8		
9		
10		
11		
12		
13		
14		
15		
16		
17		
18		

______工程项目

承包单位：______　合同号：______

监理单位：______　编　号：______

安全生产费用使用总体计划表

附表 C-33

安全投入项目	预计使用总金额（万元）	合同工期（　月）															
		1	2	3	4	5	6	7	8	9	10	11	12	13	14	15	…
完善、改造和维护安全防护设施设备																	
配备、维护、保养应急救援器材、设备和应急演练																	
重大危险源和事故隐患评估、监控和整改																	
安全生产检查、评价、咨询和标准化																	
配备和更新作业人员安全防护用品																	
安全生产宣传、教育、培训																	
安全生产适用的新技术、新标准、新工艺、新装备的推广应用																	
安全设施及特种设备检测检验																	
其他与安全生产直接相关																	
小计																	
合计																	

编制人：　日期：

注：1. 根据合同工期分解至月填报。

2. 此表作为承包人申报表（通用）的附件报总监审批。

______工程项目

承包单位:______　　合同号:______

监理单位:______　　编　号:______

安全生产费用使用(　　月)计划表

附表 C-34

安全投入项目	预计使用总金额(万元)	使用明细	计划依据(安全工作计划、专项方案)
完善、改造和维护安全防护设施设备			
配备、维护、保养应急救援器材、设备和应急演练			
重大危险源和事故隐患评估、监控和整改			
安全检查、评价、咨询和标准化			
配备和更新作业人员安全防护用品			
安全生产宣传、教育、培训			
安全生产适用的新技术、新标准、新工艺、新装备的推广应用			
安全设施及特种设备检测检验			
其他与安全生产直接相关			
合计(万元)			

上月计划:______万元　　上月使用:______万元　　累计使用:______万元

编制人:　　　　编制日期:

______工程项目

承包单位:______　　合同号:______

监理单位:______　　编　号:______

安全生产费用使用(　　月)记录表

附表 C-35

序号	名称	单位	单价(元)	数量	金额(元)	用途	投入时间	备注
1								
2								
3								
4								
5								
6								
7								
8								
9								
10								
本页小计(元)								
合计(元)								

填表人:　　　　填报时间:

注:此表作为安全生产费用计量支付依据,随承包人申报表(通用)报总监。

______工程项目

承包单位:______ 合同号:______

监理单位:______ 编　号:______

安全生产考核奖(惩)记录表 附表 C-36

序号	奖(惩)日期	奖(惩)原因	奖(惩)对象	金额(元)	奖(惩)累计(元)	备注
1						
2						
3						
4						
5						
6						
7						
8						
9						
10						
11						
12						
13						
14						
15						
16						
17						
18						

填表人:

注:此表根据奖(惩)情况分别填写。

______工程项目

承包单位：______ 合同号：______

监理单位：______ 编　号：______

交通运输建设工程生产安全事故快报表 附表C-37

填报单位：

事故基本情况			
事故发生时间	年　月　日　时　分	天气气候	
工程分类及等级、建设类型		工程名称及所在地	
事故发生部位		事故类别	
工程概况			
事故简要经过和抢险救援情况			
原因初步分析			
预估直接经济损失（万元）			
人员伤亡情况			
死亡人员数量（人）		死亡人员类型	
失踪人员数量（人）		失踪人员类型	
重伤人员数量（人）		重伤人员类型	
从业单位基本信息			
建设单位		设计单位	
施工单位		监理单位	

单位负责人：　　　　填表人：

联系电话：　　　　填报时间：　年　月　日　时　分

__________工程项目

承包单位：____________________ 合同号：______________

监理单位：____________________ 编　号：______________

承包人申报表(通用)　　　　附表 C-38

致(总监理工程师)____________：

事由：

承包人：

年　月　日

附件：

总监办意见：

总监理工程师：

年　月　日

现场管理机构意见：

负责人：

年　月　日

注：本表适用于没有专用表格，但根据项目经理部安全管理要求，必须书面向总监办提出的申请、报审、报批、请示、申报、报告以及备案等。

______工程项目

承包单位：______　　合同号：______

监理单位：______　　编　号：______

安全专项方案报审表　　附表 C-39

致(总监理工程师)______：

现报上______工程的安全专项方案，请予审查和批准。

附件：安全专项方案。

承包人：

年　月　日

总监办审查意见(可附页)：

同意　　修改后再报　　不同意

总监理工程师：

年　月　日

＿＿＿＿＿＿工程项目

承包单位：＿＿＿＿＿＿＿＿＿＿　　合同号：＿＿＿＿＿＿

监理单位：＿＿＿＿＿＿＿＿＿＿　　编　号：＿＿＿＿＿＿

支架(脚手架)验收记录表　　附表 C-40

序号	验 收 项 目	验 收 内 容	验 收 情 况
1	方案及交底	安全专项方案落实情况、安全技术交底情况	
2	架体基础	架体基础、排水设施	
3	架体稳定	行距、步距、连墙件、剪刀撑、抛撑、立杆垂直度	
4	杆件等材质	杆件的规格、杆件及紧固件的材质、杆件的变形及锈蚀等情况	
5	杆件、扣件	扣件紧固、杆件设置情况	
6	脚手板	脚手板材质、铺设情况	
7	架体防护	施工层外侧防护栏杆设置、挡脚板、密目式安全网挂设	
8	支架预压情况	预压实施过程	
9	荷载	施工荷载及荷载均匀性	
10	通道	作业人员通道设置、施工通道设置	

工程部位		验收结论		验收时间	

验收人签名	项目经理部	总监办

附录 D　标志标牌制作、安装和设置要求

序号	图　形	规格（mm×mm）	安 装 要 求	设置范围和部位
1		300×400	悬挂或粘贴	具有明火设备或高温的工作场所，如各种焊接、切割等动火场所
2		300×400	悬挂或粘贴	氧气及乙炔存放区、油罐存放处及其他易燃、易爆处
3		300×400	悬挂或粘贴	禁止明火作业的场所
4		300×400	悬挂或粘贴	应急通道、安全通道及施工操作平台等处
5		300×400	悬挂或粘贴	不能用水灭火的场所，如油品存放区、配电房、电气设备等处

续上表

序号	图　形	规格(mm×mm)	安 装 要 求	设置范围和部位
6		300×400	悬挂或粘贴	易造成事故或对人员有伤害的场所,如高压设备室、配电房等入口处
7		300×400	悬挂或粘贴	用电设备或线路检修时,相应开关处
8		300×400	悬挂或粘贴	对人员具有直接危险的场所,如危险路口、吊装作业区、运输带下方、预制梁架设区等处
9		300×400	悬挂或粘贴	不允许攀爬的危险地点,如有危险的建筑物、构筑物、设备处
10		300×400	悬挂或粘贴	抛物易伤人的地点,如高处作业现场等

续上表

序号	图　　形	规格(mm×mm)	安 装 要 求	设置范围和部位
11		300×400	悬挂或粘贴	易造成人员伤害的场所及设备等处
12		300×400	悬挂或粘贴	易发生火灾的场所，如可燃物质的储运、使用等场所
13		300×400	悬挂或粘贴	有可能发生触电危险的电器设备和线路，如配电箱(柜)、开关箱、变压器、用电设备处
14		300×400	悬挂或粘贴	有吊装设备作业的场所
15		300×400	悬挂或粘贴	易发生坠落事故的作业地点

续上表

序号	图　　形	规格(mm×mm)	安 装 要 求	设置范围和部位
16		300×400	悬挂或粘贴	易发生落物危险的地方,如高出作业、立体交叉作业等的下方
17		300×400	悬挂或粘贴	易发生塌方危险的地段,如边坡及土方作业的深坑、深槽等场所
18		300×400	悬挂或粘贴	预留孔洞及各种深坑的上方等处
19		300×400	悬挂或粘贴	易产生有毒、有害气体的场所
20		300×400	悬挂或粘贴	易造成脚伤害的作业地点

续上表

序号	图　　形	规格(mm×mm)	安 装 要 求	设置范围和部位
21		300×400	悬挂或粘贴	由于弧光可能造成眼部伤害的各种焊接作业场所
22		300×400	悬挂或粘贴	易发生机械卷入、轧压、碾压、剪切等机械伤害的作业场所
23	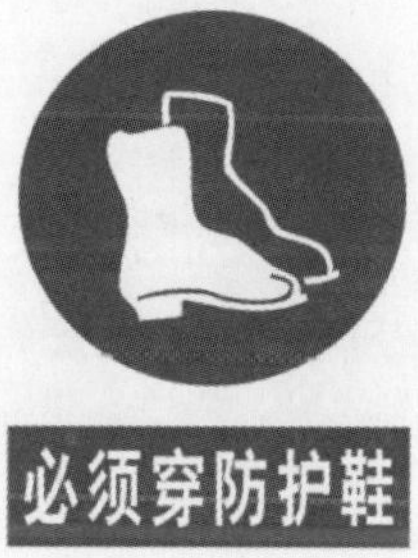	300×400	悬挂或粘贴	易伤害脚部的作业场所，如有腐蚀、灼热、触电、砸(刺)伤等危险的作业地点
24		300×400	悬挂或粘贴	头部易受伤害的作业场所
25	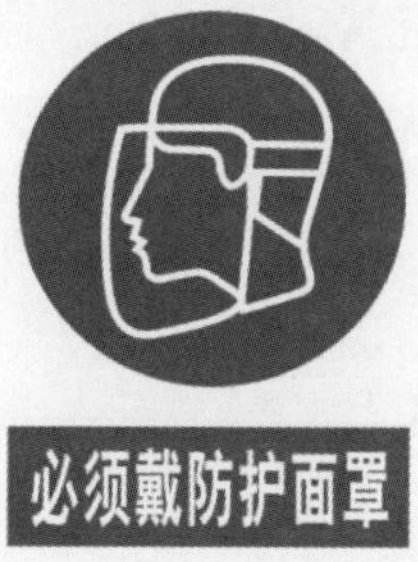	300×400	悬挂或粘贴	易造成人体紫外线辐射的作业场所，如电焊作业场所

续上表

序号	图　形	规格(mm×mm)	安 装 要 求	设置范围和部位
26		300×400	悬挂或粘贴	易伤害手部的作业场所,如具有腐蚀、污染、灼热、冰冻及触电危险等的作业场所
27		300×400	悬挂或粘贴	对眼部有伤害的作业场所
28		300×400	悬挂或粘贴	易发生坠落危险的作业场所
29		300×400	悬挂或粘贴	空气不流通,易发生窒息、中毒等的作业场所
30		直径500的圆 执行(GA 5768—2009) (以限速5km为例)	竖立	场内道路、便桥等处限速位置

续上表

序号	图　形	规格(mm)	安 装 要 求	设置范围和部位
31		直径 500 执行(GA 5768—2009)	竖立	限制质量标志。设在限制质量的桥梁、路面等位置
32		直径 500 执行(GA 5768—2009)	竖立	限制宽度标志。设在限制宽度的结构物、窄桥等位置
33		直径 500 执行(GA 5768—2009)	竖立	限制高度标志。设在限制高度的结构物、线路等位置
34		直径 500 执行(GA 5768—2009)	竖立	禁止车辆驶入标志。设在禁止驶入的路段入口处
35		直径 500 执行(GA 5768—2009)	竖立	禁止行人通行标志。设在禁止行人通行的路段前方

续上表

序号	图　形	规格(mm)	安 装 要 求	设置范围和部位
36		标志为八角形 执行(GA 5768—2009)	竖立	停车让行标志。设在通行道路相交道口等位置
37		执行(GA 5768—2009)	竖立	限速让行标志。设在施工便道等路段的适当位置
38		边长500 执行(GA 5768—2009)	竖立	车行道右侧缩窄。标志设在窄路以前的适当位置
39		边长500 执行(GA 5768—2009)	竖立	标志设在桥面宽小于路面宽的窄桥以前的位置
40		边长500 执行(GA 5768—2009)	竖立	路段易滑必须减速慢行。标志设在路段以前适当位置

续上表

序号	图　形	规格(mm)	安装要求	设置范围和部位
41		边长 500 执行(GA 5768—2009)	竖立	标志设在学校等儿童频繁出入的场所或通道处
42		边长 500 执行(GA 5768—2009)	竖立	标志设在施工便道与村庄相交道口的适当位置
43		边长 500 执行(GA 5768—2009)	竖立	表示前方施工。设在与施工点保持安全距离的位置
44		执行(GA 5768—2009)	竖立	前方道路不通标志。设在不通路段以前适当位置
45		执行(GA 5768—2009)	竖立	陡坡慢行标志。设在陡坡路段以前适当位置

续上表

序号	图　形	规格(mm)	安 装 要 求	设置范围和部位
46		执行(GA 5768—2009)	竖立	软基路段标志。设在软基路段以前适当位置
47		执行(GA 5768—2009)	竖立	前方施工告示牌。距施工作业区 1km 处设置
48		执行(GA 5768—2009)	竖立	道路封闭告示牌。距封闭道路前 300m 处设置
49		直径 500 执行(GA 5768—2009)	竖立	车辆慢行提示牌。距施工作业区以前适当位置设置
50	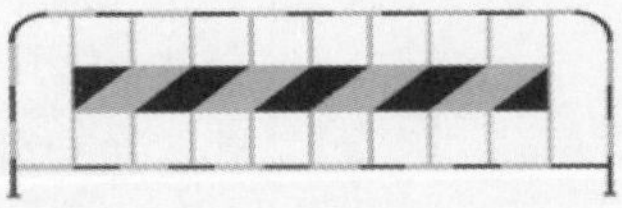	执行(GA 5768—2009)	按要求摆放	路栏。设置在现场两端或周围,侧面距现场约 1m 左右,两端距现场约 40m

续上表

序号	图　形	规格(mm×mm)	安装要求	设置范围和部位
51		执行(GA 5768—2009)	按要求摆放	锥形交通路标。设置在作业现场周围,侧面距作业点 2m 左右
52		400×400	悬挂或粘贴	驻地及现场的重点消防部位
53		400×300	悬挂或粘贴	灭火器设置点
54		400×300	悬挂或粘贴	灭火设备设置点
55		400×300	悬挂或粘贴	驻地或现场紧急出口处

续上表

序号	图　形	规格(mm×mm)	安 装 要 求	设置范围和部位
56		400×400	悬挂或粘贴	桥梁、隧道内躲避危险的地点
57		1 500×2 000 红底白字 (以“保”字为例)	竖立	临近林区施工场所
58	 安全员袖标	400×140 红底白字	佩戴	
59	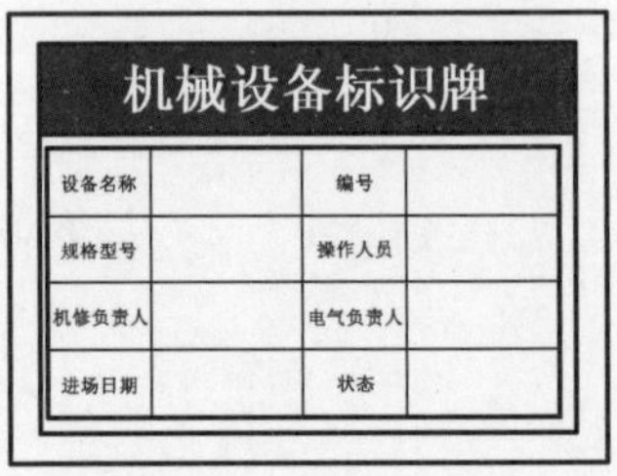	400×300	悬挂、粘贴	施工机械设备处
60	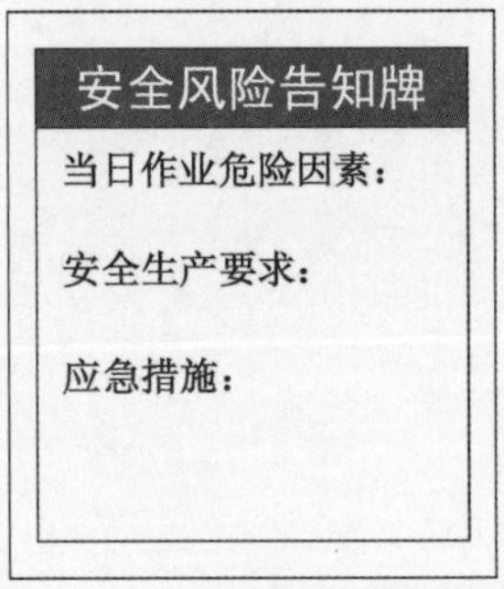	1 500×1 000	竖立	危险性较大的工程施工现场

续上表

序号	图　形	规格(mm×mm)	安 装 要 求	设置范围和部位
61		600×800	竖立、悬挂	施工现场、相关设备
62	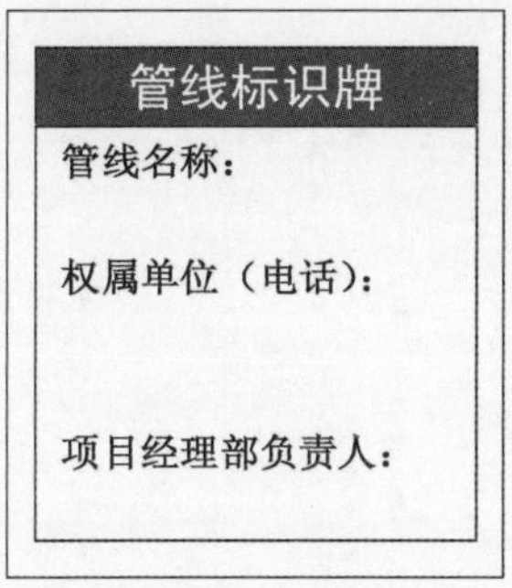	600×800	竖立	管线位置附近
63	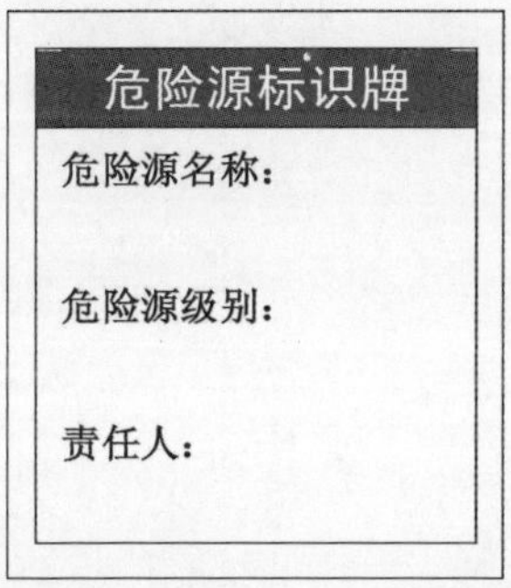	300×400	竖立	存在危险源的施工场所
64		3 200×1 900	竖立	项目经理部驻地明显位置、现场明显位置
65		1 500×900	竖立	驻地、现场明显位置

续上表

序号	图形	规格(mm×mm)	安装要求	设置范围和部位
66		600×800	张贴	项目经理部各部室
67		600×800	张贴	项目部会议室
68		600×800	张贴	项目部会议室
69		400×300 白底红字	悬挂或粘贴	使用氧气、乙炔等易燃易爆物处所
70		800×600 白底红字	悬挂或竖立	跨越通航航道、铁路、公路等施工焊接场所

续上表

序号	图　形	规格（mm×mm）	安装要求	设置范围和部位
71	禁止翻越 防护栏	800×600 白底红字	悬挂或竖立	防护栏杆设置处
72	取土坑危险 禁止游泳	800×600 白底红字	悬挂或竖立	取土坑醒目位置
73	施工重地 闲人免进	800×600 白底红字	竖立	拌和站、加工场、制梁场（预制场）现浇梁等现场的出入口、重点部位
74	机房重地 闲人免进	400×300 白底红字	悬挂或粘贴	拌和站、制梁场（预制场）的控制室和发电机房、抽水机房等处
75	锅炉重地 闲人免进	400×300 白底红字	悬挂或粘贴	锅炉房入口处

续上表

序号	图　形	规格(mm×mm)	安 装 要 求	设置范围和部位
76		800×600 黄底黑字	悬挂或竖立	易落石的地带如路基砌筑边坡等处
77		400×300 黄底黑字	悬挂或粘贴	施工现场狭小、低矮通道处
78		800×600 黄底黑字	悬挂或竖立	水上作业平台、钢套箱等处
79		400×300 黄底黑字	悬挂或粘贴	施工场所变电器、高压电力设备等处
80		800×600 黄底黑字	竖立	跨越(临近)道路施工工区

续上表

序号	图　　形	规格(mm×mm)	安 装 要 求	设置范围和部位
81	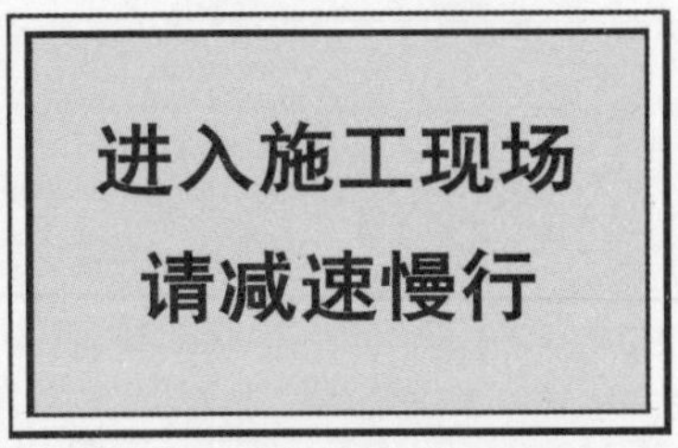	800×600 黄底黑字	竖立	站场出入口及工点路口处
82		800×600 黄底黑字	竖立	水上作业平台、钢套箱等水上施工场所
83	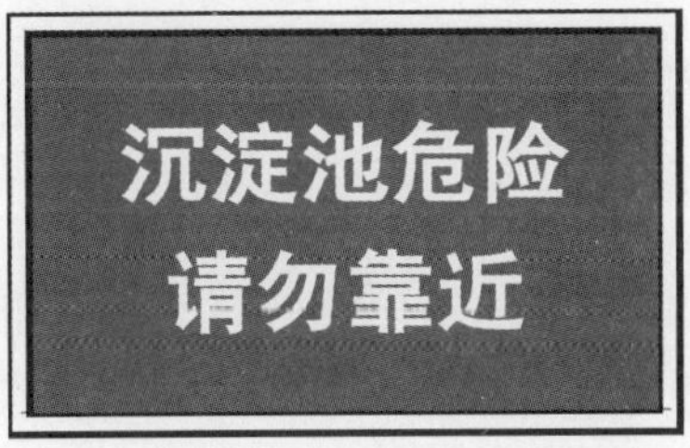	800×600 蓝底白字	悬挂	沉淀池栏杆上
84		800×600 蓝底白字	悬挂或竖立	制梁场(预制场)、现浇梁预应力张拉处
85		800×600 蓝底白字	悬挂或竖立	涵洞、桥梁基坑靠便道一侧防护栏

续上表

序号	图形	规格(mm×mm)	安装要求	设置范围和部位
86		400×300 蓝底白字	悬挂或竖立	水上作业平台、钢套箱、施工船舶等场所
87		400×300 蓝底白字	悬挂或粘贴	高处作业、临边作业、悬空作业等场所
88		400×300 白底红字	粘贴(喷涂)	氧气存放处
89		400×300 白底红字	粘贴(喷涂)	乙炔存放处
90		800×600 白底红字 以弃土场为例, 取土场参照执行)	竖立	弃土(渣)堆放处

续上表

序号	形式和要求
91	质量安全责任公示牌 规格 3 200mm × 1 900mm；安装要求：竖立； 设置在项目经理部驻地等醒目位置

质量安全责任公示牌

项目名称：			
工程概况：			
主管部门：			
责任单位	单位名称	单位责任人	项目责任人
质量监督单位			
安全监管单位			
建设单位			
设计单位			
监理单位			
施工单位			
监督电话：			

序号	形式和要求
92	工作牌 规格 100mm × 150mm；安装要求：佩戴； 项目经理部管理人员、特种作业人员挂工作牌上岗

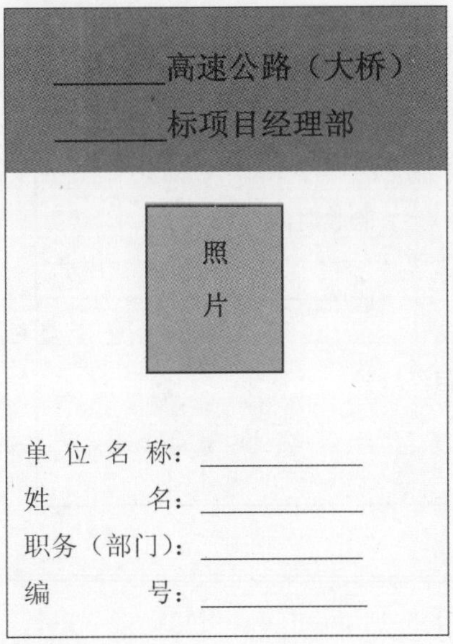

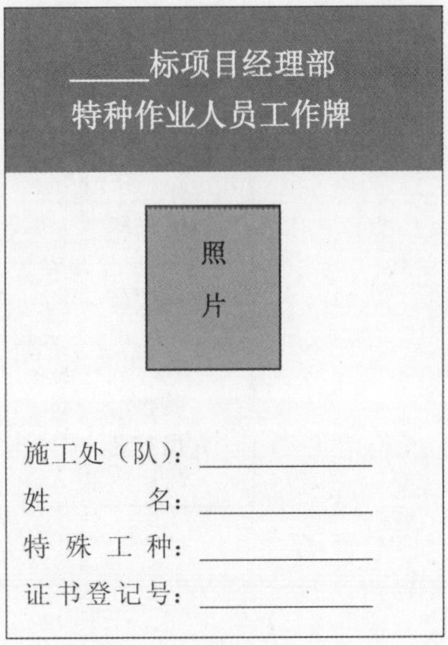

续上表

<table>
<tr><th>序号</th><th>形式和要求</th></tr>
<tr><td>93</td><td>现场临时值班房标识牌
规格 400mm × 300mm；安装要求：悬挂或粘贴；
设置在现场临时值班房醒目位置

现场临时值班房标识牌
<table><tr><td>编号</td><td></td><td>用途</td><td></td></tr><tr><td>搭建日期</td><td></td><td>验收日期</td><td></td></tr><tr><td>验　收负责人</td><td></td><td>安　全责任人</td><td></td></tr></table></td></tr>
<tr><td>94</td><td>支架（脚手架）验收合格牌
规格 400mm × 300mm；安装要求：悬挂或粘贴；
设置在支架（脚手架）现场醒目位置

支架（脚手架）验收合格牌
<table><tr><td>施工标段</td><td></td><td>验收时间</td><td></td></tr><tr><td>工程部位</td><td></td><td>验收结论</td><td></td></tr><tr><td rowspan="2">验收人员签名</td><td colspan="2">项目经理部</td><td>总监办</td></tr><tr><td colspan="2"></td><td></td></tr></table></td></tr>
</table>

续上表

<table>
<tr><th>序号</th><th>形式和要求</th></tr>
<tr><td>95</td><td>配电箱(开关箱)标识牌
规格 200mm×200mm;安装要求:粘贴;
设置在配电箱(开关箱)表面
<table>
<tr><td colspan="4">配电箱(开关箱)标识牌</td></tr>
<tr><td>编号</td><td></td><td>名称</td><td></td></tr>
<tr><td>用途</td><td></td><td>专业
电工</td><td></td></tr>
<tr><td colspan="3">分路标记及接线图是否张贴</td><td></td></tr>
</table>
</td></tr>
<tr><td>96</td><td>灭火器标识牌
规格 200mm×200mm;安装要求:粘贴;
设置在灭火器箱醒目位置
<table>
<tr><td colspan="4">消防灭火器标识牌</td></tr>
<tr><td>编号</td><td></td><td>施工区
(驻地)</td><td></td></tr>
<tr><td>规格</td><td></td><td>设置
时间</td><td></td></tr>
<tr><td>安全
责任人</td><td></td><td>消防
责任人</td><td></td></tr>
</table>
</td></tr>
</table>

附录E 引用相关法律法规、规范、文件目录

[1] 中华人民共和国安全生产法(主席令第70号)
[2] 中华人民共和国建筑法(主席令第91号)
[3] 中华人民共和国道路交通安全法(主席令第47号)
[4] 中华人民共和国消防法(主席令第6号)
[5] 建设工程安全生产管理条例(国务院令第393号)
[6] 安全生产许可证条例(国务院令第397号)
[7] 生产安全事故报告和调查处理条例(国务院令第493号)
[8] 特种设备安全监察条例(国务院令第549号)
[9] 特种设备安全监察条例(国务院令第373号)
[10] 生产经营单位安全培训规定(国家安全生产监督管理总局令第3号)
[11] 安全生产事故隐患排查治理暂行规定(国家安全生产监督管理总局第16号令)
[12] 特种作业人员安全技术培训考核管理规定(国家安全生产监督管理总局令第30号)
[13] 关于修改《特种设备作业人员监督管理办法》的决定(国家质监总局2011年第140号总局令)
[14] 关于公布《特种设备作业人员作业种类与项目》目录的公告(国家质监总局2011年第95号)
[15] 公路水运工程安全生产监督管理办法(交通部令2007年第1号)
[16] 中华人民共和国水上水下施工活动通航安全管理规定(交通部令2011年第5号)
[17] 公路桥梁和隧道工程施工安全风险评估指南(试行)(交质监发(2011)217号)
[18] 公路水运工程生产安全事故应急预案(交质监发[2011]6号)
[19] 危险性较大的分部分项工程安全管理办法(建质[2009]87号)
[20] 企业安全生产费用提取和使用管理办法(财企[2012]16号)
[21] 生产经营单位安全生产事故应急预案编制导则(AQ/T 9002—2006)
[22] 江苏省安全生产条例(江苏省第十一届人民代表大会常务委员会公告第17号)
[23] 特种劳动防护用品安全标志实施细则(安监总规划字[2005]149号)
[24] 江苏省公路水运建设工程安全监管规定(苏交规[2002]13号)
[25] 江苏省公路航道建设施工安全生产快报制定(暂行)(苏交质[2006]14号)

[26]　江苏省交通工程建设局工程建设安全生产监督管理办法(试行)(苏交建质[2010]54号)
[27]　《公路工程施工监理规范》(JTG G10—2006)
[28]　《水运工程施工监理规范》(JTJ 216—2000)
[29]　《公路水泥混凝土路面施工技术规范》(JTG F30—2003)
[30]　《公路路基施工技术规范》(JTG F10—2006)
[31]　《公路路面基层施工技术规范》(JTJ 034—2000)
[32]　《公路沥青路面施工技术规范》(JTG F40—2004)
[33]　《公路隧道施工技术规范》(JTG F60—2009)
[34]　《公路桥涵施工技术规范》(JTG/T F50—2011)
[35]　《水运工程施工安全防护技术规范》(JTS 205-1—2008)
[36]　《公路工程施工安全技术规程》(JTJ 076—95)
[37]　《建筑防火设计规范》(GB 50016—2006)
[38]　《建筑施工安全检查标准》(JGJ 59—2011)
[39]　《液压爬升模板工程技术规程》(JGJ 195—2010)
[40]　《建筑施工高处作业安全技术规程》(JGJ 80—91)
[41]　《建筑拆除工程技术规程》(JGJ 147—2004)
[42]　《建筑施工碗扣式钢管脚手架安全技术规范》(JGJ 166—2008)
[43]　《建筑施工门式钢管脚手架安全技术规范》(JGJ 128—2010)
[44]　《施工现场临时用电安全技术规范》(JGJ 46—2005)
[45]　《建筑施工扣件式钢管脚手架安全技术规范》(JGJ 130—2011)
[46]　《安全标志使用导则》(GB 16179—1996)
[47]　《密目式安全网》(GB 16909—1997)
[48]　《安全标志及其使用导则》(GB 2894—2008)
[49]　《道路作业交通安全标志》(GA 182—1998)
[50]　《消防安全标志》(GB 13495—92)
[51]　《建筑灭火器配置设计规范》(GB 50140—2005)
[52]　《道路交通标志和标线》(GB 5768—2009)
[53]　《爆破安全规程》(GB 6722—2011)
[54]　《建筑基坑支护技术规程》(JGJ 120—99)
[55]　《建筑机械使用安全技术规程》(JGJ 33—2001)
[56]　《安全帽》(GB 2811—2007)
[57]　《安全网》(GB 5725—2009)
[58]　《安全带》(GB 6095—2009)